强身抗衰

中老年人越练越年轻的
力量练习法

籍晓蕾 编著

人民邮电出版社

北京

图书在版编目（CIP）数据

强身抗衰：中老年人越练越年轻的力量练习法 / 籍晓蕾编著. -- 北京：人民邮电出版社，2025.5
ISBN 978-7-115-64172-4

Ⅰ. ①强… Ⅱ. ①籍… Ⅲ. ①中年人－力量训练②老年人－力量训练 Ⅳ. ①G808.14

中国国家版本馆CIP数据核字(2024)第070445号

免 责 声 明

本书内容旨在为大众提供有用的信息。所有材料（包括文本、图形和图像）仅供参考，不能用于对特定疾病或症状的医疗诊断、建议或治疗。所有读者在针对任何一般性或特定的健康问题开始某项锻炼之前，均应向专业的医疗保健机构或医生进行咨询。作者和出版商都已尽可能确保本书技术上的准确性以及合理性，且并不特别推崇任何治疗方法、方案、建议或本书中的其他信息，并特别声明，不会承担由于使用本出版物中的材料而遭受的任何损伤所直接或间接产生的与个人或团体相关的一切责任、损失或风险。

内 容 提 要

本书共分为四章，第一章首先介绍了中老年人为什么要进行力量练习，进行力量练习对身体有哪些好处；第二章阐释中老年人进行力量练习的原则，并告诉他们如何选择力量练习器械；第三章以真人示范、分步骤图解的方式讲解适合中老年人的力量练习动作，这些力量练习动作按身体部位进行划分，并提供了进阶和退阶动作，方便中老年人根据自己的身体情况选择合适的练习动作；第四章针对中老年人的身体特点，科普补充营养的知识；附录部分提供了解决身体常见不适的力量练习方案。本书大部分动作配有视频，手机扫一扫即可观看，方便中老年人学习和跟练。本书可为中老年人、中老年人照护者及相关专业师生提供专业的力量练习技术指导。

◆ 编　著　籍晓蕾
　　责任编辑　刘日红
　　责任印制　彭志环
◆ 人民邮电出版社出版发行　　　北京市丰台区成寿寺路 11 号
　　邮编　100164　电子邮件　315@ptpress.com.cn
　　网址　https://www.ptpress.com.cn
　　北京瑞禾彩色印刷有限公司印刷
◆ 开本：880×1230　1/32
　　印张：4.375　　　　　　　　　2025 年 5 月第 1 版
　　字数：95 千字　　　　　　　　2025 年 5 月北京第 1 次印刷

定价：35.00 元
读者服务热线：(010)81055296　印装质量热线：(010)81055316
反盗版热线：(010)81055315

籍晓蕾

北京市体育科学研究所群众体育研究室副研究员；2006 年毕业于北京体育大学运动人体科学学院，获得硕士学位；专注于大众体质健康与科学健身相关领域的研究，主持、参与多项省级、局级课题，以及体质监测项目；获得国家体育总局、北京市体育局颁发的"国民体质监测工作先进个人"称号；在国内外学术会议、期刊发表论文数十篇；编写多本健身科普图书，致力于提供实用且有深度的健身科普知识，以帮助读者缩小健身需求与知识缺乏之间的鸿沟；在社区、学校、公司等各类场所举办了多场关于科学控制体重、健身和营养等方面的知识讲座，得到了广泛认可；获评"北京市科学技术普及工作先进个人""北京市校外教育先进个人""全民科学素质行动计划纲要先进个人"，并荣获"2020—2023 年度北京市体育事业突出贡献奖"。

温馨提示：因为中老年人的身体情况差异较大，所以练习的强度应依据每位中老年人的身体情况而定，建议大家练习时要量力而行，以不感觉身体疲劳为宜。

在线资源访问说明

本书附赠电子资源，主要阐述关于力量练习的误区。您可以按照以下步骤，获取并观看本书附赠的电子资源。

1. 点击微信聊天界面右上角的"+"，弹出功能菜单（图1）。点击"扫一扫"，扫描下方二维码。

2. 添加企业微信为好友：
   - 若首次添加企业微信（图2），添加后即可获取本书附赠的电子资源；
   - 若非首次添加企业微信，需进入聊天界面并回复关键词"64172"。

3. 点击弹出的链接，即可直接观看附赠的电子资源。

图1

图2

目 录
Contents

第 三 章　　**力量练习方法**

第 四 章　如何补充营养

附录 解决身体各种不适的力量练习方案

为什么要进行力量练习

　　力量对于中老年朋友来说，并非追求身材有型才能得到的"奢侈品"，而是保持、提高生活质量的"必备品"。事实上，随着年龄增长，中老年人身体机能不断退化，进行科学的力量练习对于中老年人具有更为重要的意义。本书的第一章将揭示中老年人进行力量练习的必要性和益处。

第一节　肌肉少，毛病多

　　研究显示，人的肌肉量在20～25岁达到最高值，之后若不刻意维持，肌肉将逐渐流失，年龄越大，肌肉流失速度越快。肌肉少了，很多毛病也"找上门"来了。

易肥胖

　　肌肉量少，基础代谢率降低，能量消耗随之降低。此时过多摄入的热量更易储存为脂肪，造成肥胖。肥胖是多种慢性病的危险因素。

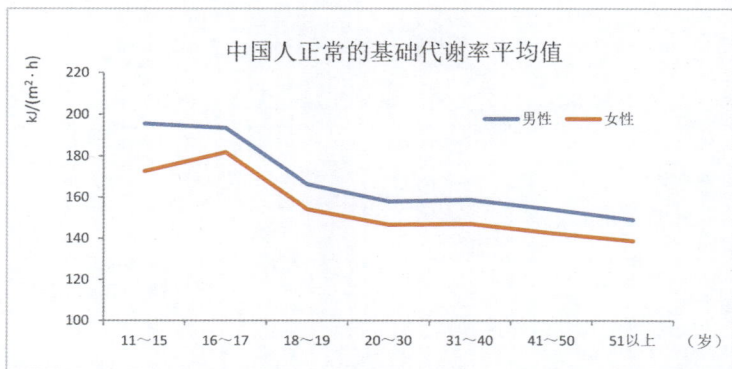

中国人正常的基础代谢率平均值

kJ/(m²·h)

男性　女性

11～15　16～17　18～19　20～30　31～40　41～50　51以上　（岁）

数据来源：王庭槐. 生理学 [M]. 北京：人民卫生出版社，2018：216.

易患糖尿病

肌肉可以分泌许多细胞因子，含有大量胰岛素受体。如果肌肉流失，那么胰岛素受体也会相应地流失，进入肌肉组织中进行消耗的糖就会减少，因为肌肉是糖原消耗最主要的组织。静息状态下肌肉能消耗身体约三分之一的糖原，运动状态下肌肉能消耗身体约90%的糖原，因此肌肉减少导致糖代谢紊乱、胰岛素抵抗的概率会增加，易引起2型糖尿病。

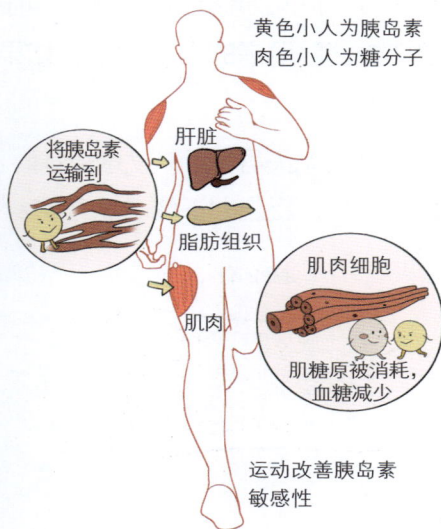

黄色小人为胰岛素
肉色小人为糖分子

将胰岛素运输到

肝脏

脂肪组织

肌肉

肌肉细胞

肌糖原被消耗，血糖减少

运动改善胰岛素敏感性

易患高血压

肌肉流失使摄入的热量更多地储存为脂肪，血液流速下降，脂质容易在血管内沉积，从而造成高血压。

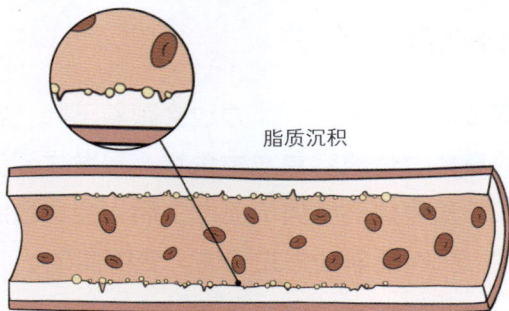

脂质沉积

易发生骨质疏松、关节退化、跌倒和骨折

肌肉能够对骨骼起到保护作用。如果肌肉流失，支撑身体重量的力量不够，身体关节负担就会加重，变得不稳定，使得人们时常感到关节疼痛。

骨密度和肌肉量成正比，当肌肉量下降时，人体活动减少，缺乏维持骨密度所需的力量刺激，如果骨骼缺乏外力刺激，那么骨密度也会下降。

肌肉流失导致肌肉力量下降，运动神经活动减少，相应的脑组织缺乏锻炼，反应力下降，容易被绊倒或跌倒，甚至发生骨折。

健康的骨

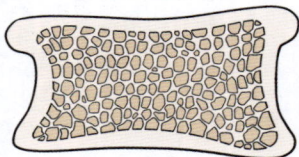

骨质疏松的骨

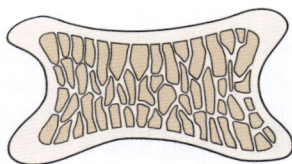

骨质疏松者易骨折的部位

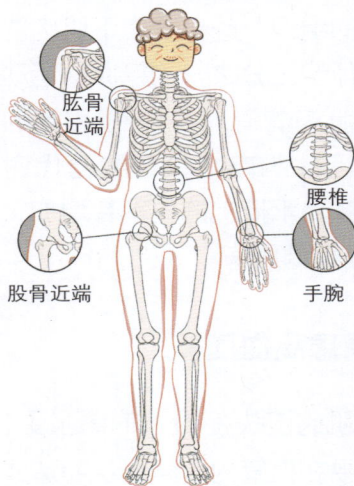

肱骨近端

股骨近端

腰椎

手腕

易造成肩颈酸痛和疲劳

肌肉量下降或肌力减退时，体力也会跟着下降，容易造成疲劳。缺少肌力支撑的身体，骨骼容易发生歪斜，易发生姿势不良，这会引发肩颈、腰背和膝盖疼痛。姿势不良发生后，会导致肌肉也跟着错误用力，出现代偿，肌肉渐渐地失去弹性，变得僵硬。

内脏功能变差，易消化不良和便秘

当不良姿势严重，支撑内脏的肌肉力量减弱或消失时，内脏就容易发生移位甚至变形。这会导致内脏器官运作不畅，例如呼吸变浅、胃部不适、消化不良、便秘等。

腹横肌

腹横肌是人体腹部的关键肌肉之一，其力量和活动对内脏功能具有显著的影响。腹横肌的强健有助于维持腹部的结构稳定性，对内脏器官提供有效的支持和保护。通过控制腹部压力，腹横肌对呼吸过程中的膈肌活动起到协调的作用，有助于正常的呼吸功能。此外，腹横肌还参与了维持核心稳定性，对脊柱的支撑和姿势的调整有积极影响。

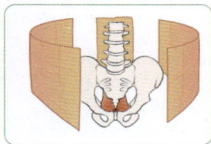

盆底肌

盆底肌是位于盆腔底部的肌群，对内脏器官有着重要的支持作用。强健的盆底肌能够维持膀胱、子宫和直肠的位置，有助于预防脏器下垂。此外，盆底肌也参与了排尿、排便等方面的调节，对维持正常的内脏功能和生活质量至关重要。适当的盆底肌力量练习可以有助于预防和缓解这些功能失调导致的问题。

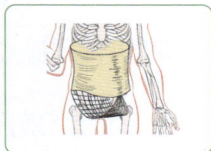

血液循环减慢，免疫力下降

肌肉是人体产生能量的最大"功臣"。若肌肉量减少，其产生的能量也会相应变少，血液循环减慢，细胞可能会缺少氧气和营养，造成身体新陈代谢变慢，身体废物排出延迟，免疫细胞无法充分发挥作用，免疫力下降。

易出现失眠等症状

当我们运动时，大脑会向肌肉发出命令，运动越多，大脑受到的刺激就越大，大脑会跟着活化起来。人体通过运动分泌的血清素被称为"幸福激素"，它与精神稳定和睡眠状态密切相关。如果持续运动不足，血清素的分泌将逐渐减少，这使我们更容易感受到压力，进而影响睡眠质量。

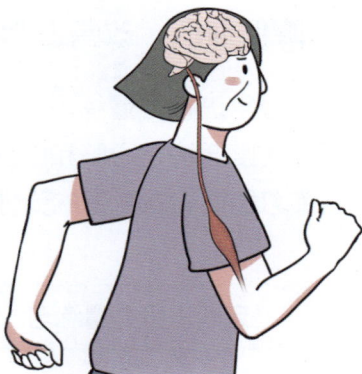

第二节 练力量，好处多

力量练习是增加肌肉量、提升肌肉力量的主要方式。此外，力量练习对身体也有很多好处。

加快代谢，减少脂肪

力量练习对于加快身体代谢有双重作用。

一方面，力量练习的强度较高，人体练习时消耗的能量较多，而且在做完力量练习后的1小时内，人体还会持续消耗能量。

另一方面，做完力量练习后的72小时内，人体还能增加5%的基础代谢；这是因为力量练习会引起一定程度的肌肉微创，导致肌肉重建。在肌肉重建过程中，需要消耗大量的能量进行蛋白质合成和组织修复，基础代谢率由此得到提升。

因此，力量练习既增加了单位时间内脂肪的消耗量，又延长了脂肪消耗的时间，最终达到减脂的目的。

降低血压，改善血脂，预防糖尿病

经常进行力量练习，能够降低血压。进行力量练习时，全身血液循环速度增快，心脏和肺部供血量增加，促进心脏功能提升。同时力量练习能提高血管壁的弹性，可以起到降血压的作用。

定期进行力量练习

↑ 提高8%～21%的高密度脂蛋白

↓ 降低13%～23%的低密度脂蛋白

↓ 降低11%～18%的甘油三酯

力量练习可以改善血脂成分。

力量练习可以增加肌肉量，让更多的肌肉有效利用胰岛素，从而更有效地从血液中摄取糖，使身体对胰岛素的依赖性降低，预防2型糖尿病。

让骨骼更强壮，降低骨折风险

随着年龄的增长，人体骨量会逐渐流失，这增加了发生骨质疏松性骨折的风险。调查发现，定期进行力量练习的人，每年骨量会增加1%~3%；不进行力量练习的人，每年骨量则会流失1%~3%。

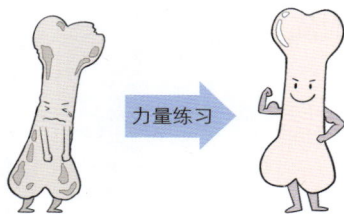

力量练习

减少损伤和疼痛

当下，大多数人的生活方式趋向于静坐少动，这使颈部、腰部、背部的肌肉长时间处于紧张状态。若没有对各部位的肌肉进行力量练习，则可能发生肌肉力量不足甚至退化，会造成肌肉劳损和身体姿态改变，引发肩颈、腰背疼痛。定期进行力量练习，可以改善身体姿态，减少疼痛。

延缓衰老

人体机能退化最早从30岁开始，并呈逐年加重趋势。研究发现，每周进行2~3次强度适宜的全身力量练习，可有效延缓甚至逆转身体衰老过程。关于力量练习，我们多大年龄开始进行都不迟，即使是八九十岁的老人进行力量练习，也能增加肌肉量和肌肉力量。许多人退休后才开始进行力量练习，其体能和健康状况甚至超过自己年轻时的水平。

有助于睡眠

　　力量练习有助于睡眠。虽然大多数睡眠疗法（例如芳香疗法、凉茶疗法和冥想配乐）都可以让人有一夜好眠，但很少有长期有效的方法，来帮助人们持续获得更好的睡眠，而力量练习可以。研究表明，力量练习不仅可以帮助人们更快地入睡，而且还可以延长深度睡眠时间。

第二章

如何进行力量练习

　　了解了力量练习对于身心健康的益处，您是不是已经迫不及待地想要开始锻炼了呢？别着急，在开始锻炼前，我们还要学习力量练习的原则、认识力量练习的器械，以及运动前后的热身和放松方法。只有对力量练习有全面、科学的认知，才能帮助您获得更好的锻炼效果，并且避免不必要的损伤。

第一节 力量练习的原则

我们在力量练习过程中应该遵循基本的练习原则。

运动前热身

练习前进行适当的热身，就像打开肌肉的"开关"，能够增强大脑和肌肉之间的"沟通"（激活肌肉），改善身体的柔韧性、灵活性和姿势等，减少运动损伤。

全身练习

每个主要肌群（例如胸部、肩部、臂部、腿部等）至少选择一项练习，确保均衡锻炼身体的肌肉，防止肌肉力量失衡。

肩部肌群

胸部肌群

腹部肌群

手臂肌群

腿部肌群

有序练习

先练大肌群，再练小肌群。当一块肌肉受到训练而增加力量时，身体其他肌肉的力量也会在一定程度上有所增加。先练大肌群，这种相互影响会更加明显。小肌群容易疲劳，一块肌肉的疲劳在一定程度上也可能会对其他肌肉的工作能力造成影响。因此，先练大肌群可推迟肌肉疲劳的出现。

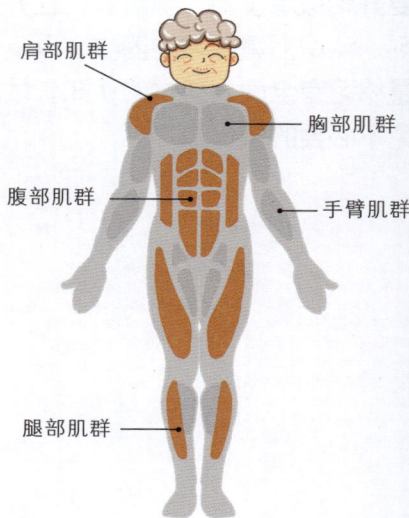

练习频率要适宜

　　定期进行力量练习会使肌肉处于紧张状态。每次练习，肌肉都会受到刺激，产生一定的微创。练习后，肌肉组织进行修复和重建，在此过程中，肌肉增大，肌肉力量增大。肌肉重建过程一般需要48～96小时。因此，同一部位的肌肉力量练习要隔天进行。一般情况下，保持每周进行2～3次力量练习，大部分人既可达到力量提升的效果，又不至于产生疲劳积累。

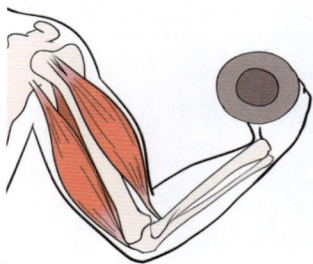

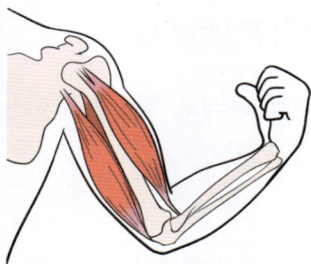

肌肉不断接受刺激　　　　　　刺激产生微创重组，从而增大肌肉

练习组数要适宜

　　练习组数是指一次练习所包含的所有练习组的总数。例如做俯卧撑，连续做10个后停止，即为完成了一组动作。中间休息后，再次连续做10个后停止，即为完成了两组动作。力量练习的最低标准是每个动作项目完成一组。

间歇时间要适宜

　　如果练习组数为2组或多于2组，则组间间歇时间为1～2分钟，让肌肉适当恢复。不同练习项目之间的间歇时间为1分钟，可减少后续肌肉练习的疲惫感。

动作重复次数要适宜

　　每个动作需要重复的次数和练习目的有关，或增强肌肉耐力、或增加肌肉体积、或增强肌肉力量。目的不同，动作重复次数不同。

目的	增强肌肉耐力	增加肌肉体积	增强肌肉力量
重复次数	每组 ≥ 15 次	每组 8～12 次	每组 3～8 次

练习负荷要适宜

　　练习负荷与动作重复次数相关。重复次数越多，负荷应该越小；反之则应该越大。

练习要循序渐进

　　练习要循序渐进，慢慢加大负荷，同时要保证姿势的准确性，并持之以恒。

保持正确的体态

　　正确体态下的练习，才是最安全、最有效的练习。

骨盆后倾　　　　　圆肩驼背　　　　　正确体态

了解不同疼痛感受的区别

我们需要知道"尽最大努力进行力量练习后的肌肉酸痛感"和"运动损伤的疼痛感"之间的区别。后者是一个警告信号，不要忽视。

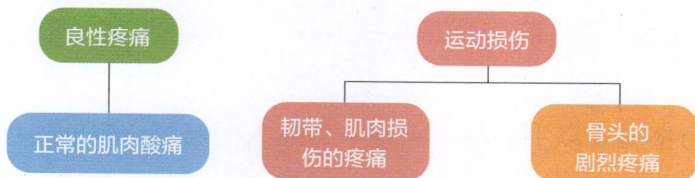

```
良性疼痛                          运动损伤
   |                         ┌──────┴──────┐
正常的肌肉酸痛          韧带、肌肉损          骨头的
                      伤的疼痛            剧烈疼痛
```

正确的呼吸方式

保持均匀呼吸，不要屏住呼吸。

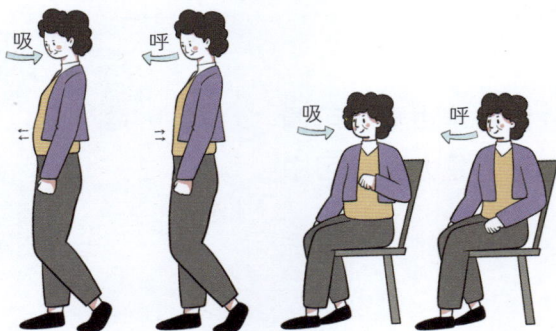

吸　　呼　　　　　吸　　呼

运动后要放松

练习结束后立即进行肌肉拉伸，这样有助于加快肌肉酸痛的恢复速度。

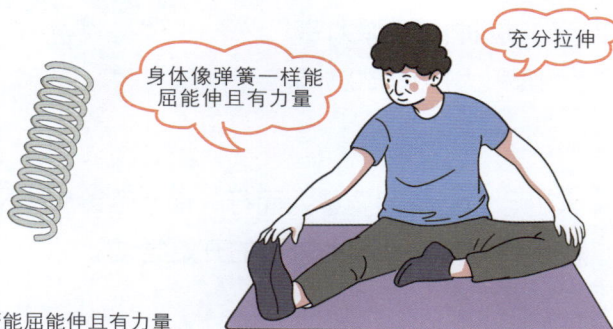

充分拉伸

身体像弹簧一样能屈能伸且有力量

弹簧能屈能伸且有力量

第二节 力量练习器械

自身体重（以下简称"自重"）是人们与生俱来的力量练习器械。本书中的力量练习方法主要为自重练习，少数练习方法使用了器械。力量练习器械种类繁多，既有家用的，也有健身房用的；既有适合室内用的，也有适合室外用的。在此主要介绍本书中使用的几种器械。

哑铃

哑铃可分为固定重量和可调节重量两种类型，是力量练习中的基础器械。

迷你带

迷你带是指有弹性的阻力带，呈闭合的圆圈形状，也被称为治疗弹力带。这种小型弹力带对于锻炼臀大肌和大腿内侧肌肉特别有用。

中老年人进行力量练习要量力而行，使用哑铃应先从重量较小的开始适应，使用弹力带要从阻力较小的开始尝试。

弹力带

　　弹力带是指有弹性的阻力带。弹力带重量较轻、便于携带，既适合在家使用，也适合在户外使用。弹力带被拉长时阻力从零开始，拉得越长阻力越大。弹力带被拉长的比例是随肌肉的伸长比例增大而协调递增的，从而使肌力训练更高效。一般弹力带有多重阻力级别，通过颜色进行区分。

超级弹力带

　　超级弹力带是阻力带的一种。弹力带越宽越厚，阻力越大，对动作的辅助性也就越强。

第三节　热身和放松

热身

运动前为什么要热身

第一，让肌肉做好运动准备。肌肉具有黏滞性的物理特性，温度越低，肌肉的黏滞性越高，肌肉之间摩擦产生的阻力也就越大。特别是冬天温度低，肌肉的黏滞性更大。运动前热身可以提高体温，降低肌肉和其他软组织的黏滞性，有效防止肌肉拉伤。热身还可以"唤醒"肌肉，激活肌肉的代谢功能，对即将到来的运动做好全面准备。热身还可以放松僵硬的肌肉，增加流向肌肉的血液量，加快血液循环，从而使血液中的氧气向组织释放，保证氧的供应。

第二，提高心脏、肺等内脏器官的功能水平。人体内脏器官生理惰性比较大，也就是说在人体进行运动时，内脏器官并不能立即进入活动状态。运动前热身在一定程度上能够让内脏器官发挥作用，还可以减轻运动时因内脏器官的不适应而出现的不适感。

第三，提高神经系统的兴奋性。运动是由神经控制的，热身能让大脑的中枢神经系统进入兴奋状态，同时接通各运动中枢之间的神经联系，使大脑皮层处于最佳的兴奋状态，快速地进入运动状态。

第四，调整运动心理。运动前热身可以让锻炼者的心理状态调整到运动情景中，让身体更快适应后续的运动状态，既能提高运动效果，又能有效防止运动损伤的发生。

第五，提高关节的性能。适当的热身能提高身体的柔韧性，让关节活动范围增大。关节在热身过程中受到刺激后会产生大量关节液（也叫滑液），可以减轻关节面之间的摩擦，使关节面在剧烈运动中不容易受伤。另外，热身中做的各种拉伸韧带的动作，可以让关节附近的韧带拉伸并处于紧张状态，从而避免运动损伤。

运动前热身要注意哪些事项

第一，**补足水分**。做热身运动前要注意补足水分，尤其是在酷热及潮湿的天气下，这样做可以预防抽筋及中暑。可以在水中加少量的电解质或食盐，以补充因出汗而大量流失的水、盐及其他电解质。

第二，**热身程度要适宜**。做热身运动时，要注意循序渐进，运动强度慢慢增加，达到微出汗的效果。热身不要太剧烈，以免引起疲劳。

第三，**运动项目不同，热身方式也不同**。热身活动一般由慢跑、拉伸运动和专项准备活动构成。

第四，**热身时间一般为5~10分钟**。依据年龄、个人体质、季节及气温不同，热身运动所需的时间也不同。要注意根据季节调整时间长度，夏季可以适当缩短热身时间，冬季则应适当延长热身时间，使身体充分活动，以免出现运动损伤。热身至轻微出汗前不宜急于脱掉外套和长裤，否则会影响热身效果。

第五，**热身至身体微微出汗即可**。热身完我们可以直接进行运动，也可以稍微补充一些水分再开始运动，但是中间不宜间隔太长时间，一般热身后2~3分钟内应该开始运动。

第六，**中老年人更应注重运动前热身**。随着年龄增长，中老年人的肌肉、韧带的柔韧性降低，肌肉力量减小，关节活动范围减小。中老年人如果不做热身，直接运动，腿部的肌肉、关节和韧带不能及时适应这种突然的运动，则容易引发腿部肌肉、跟腱和脚跟疼痛。

如何热身

首先，进行大约5分钟的快走或原地慢跑等有氧运动，感受到心跳，微微出汗即可。让肌肉进行预热，提高肌肉温度，加快血液循环速度，使肌肉能更高效地收缩或舒张。

然后，对正式运动中用到的主要肌肉进行拉伸。在身体发热后拉伸肌肉，不容易受伤且效果较好。适宜的拉伸可提高身体的柔韧性和关节的活动度，有助于避免受伤。在热身阶段拉伸时要缓慢，避免突然用力，被拉伸的肌肉一定不要用力。

拉伸后，做一些一般性的准备活动，例如轻微的原地跑跳等，既可以调动内脏器官，又可以让全身的关节得到预热。

此外，可以用泡沫轴对肌肉及深层组织进行按压放松，改善肌肉的柔韧性和功能，降低受伤风险。

放松

运动后为什么要放松

很多人觉得自己如果运动量不大，运动后就不用放松；如果运动量很大，运动后身体已经很累了，不如立刻躺下休息。这些想法都是不对的。

第一，运动后放松可以缓解疲劳，避免运动损伤。运动后，紧张收缩的肌肉压迫肌肉中的血管，影响血液流动。放松活动能减少血液淤积，加速全身血液的重新分配，促进肌肉产生的代谢废物排出，有助于消除疲劳，加速肌肉功能的恢复，对缓解疲劳和避免运动损伤有重要作用。另外，由于运动时血液主要分布于运动器官，运动后若不进行放松而突然停止不动，地心引力和静止的身体姿势将严重影响静脉血液回流，使身体产生不适甚至休克。

第二，可以保持肌肉功能。运动后的肌肉拉伸可以使肌肉得到全面放松、还原，有效增加收缩前的肌纤维长度、放松对抗肌群、提高肌纤维收缩速度、增大肌张力、提高柔韧性，以及增大动作幅度。

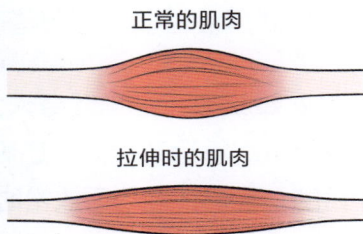

正常的肌肉

拉伸时的肌肉

第三，增强肌肉力量。肌肉力量来源于完成动作时各肌群收缩的合力，各肌群之间的协调性是影响肌力的主要因素。对抗肌不放松，主动肌的部分甚至全部力量会被对抗肌抵消。从生理学角度分析，肌肉的紧张与放松是在大脑皮层的支配下进行的，当主动肌收缩用力时，对抗肌处于放松状态；肌肉一次收缩结束后，在下次收缩前应该有一个放松过程。若肌肉只是一味地紧张收缩，不能很好地放松舒张，则对肌肉的刺激不易达到较深层次，也就不能有效发挥人体的运动潜能。

第四，改善神经功能。肌肉放松有利于改善神经系统功能，减轻大脑皮质的负担，提高大脑皮质中枢兴奋和抑制转换的灵活性，从而加速运动技能的形成，提高动作速度，加大动作力度。

第五，改善动作协调性。运动时，神经系统支配相关骨骼肌肉高速协调工作。在完成一个动作的过程中，往往有许多肌群参与，它们有些收缩，有些舒张。只有各个肌群配合得当，动作才能完成得协调规范、准确无误；也只有各个肌群配合得当、灵活应变，才能避免机体在高速运动中受伤。运动时，中枢神经同时发出多条指令，有兴奋的指令使相应的肌肉收缩，也有抑制的指令使相应的肌肉放松。在这个过程中，神经系统与相应的骨骼肌默契配合，提高了神经系统的灵活性，在大脑皮层建立新的条件反射，肌群也形成了一定的记忆。研究表明，科学的放松运动训练可以促进大脑皮层形成条件反射，加深肌肉对这项运动的记忆，强化身体的协调性。

运动后放松要注意哪些事项

运动后要放松，这是健身人士必备的基本常识。有效的放松运动，不仅可以缓解运动疲劳，还可以提升运动效果。为了更好地达到放松的目的，我们在运动后放松时，需要注意什么呢？

第一，运动后做拉伸，若在地面上进行，一定要铺上垫子，防止地上的湿寒气侵入身体，否则肌肉、关节会出现更严重的酸痛。

第二，不要立刻蹲坐休息。 运动结束后，很多人会蹲下或坐下，认为这样能省力和休息，但这是一个错误的做法。运动后若立即蹲坐下来休息，会阻碍下肢血液回流，影响血液循环，加深机体疲劳，严重时会产生重力性休克。因此，每次运动结束后应调整呼吸节奏，进行一些低强度的活动，例如慢走、做放松体操或者简单深呼吸，促使四肢血液回流至心脏，以利于还清"氧债"，加快恢复体能、消除疲劳。若实在体力不支，也可以让同伴搀扶慢走。

第三，不要大量补充糖分。 运动后喝大量的糖水或吃一些甜食，不会快速恢复体力，特别是剧烈运动后大量补糖还会增加疲劳感。

第四，不要贪吃冷饮。 运动后吃大量冷饮，极易引起胃肠痉挛、腹痛、腹泻，并诱发胃肠疾病。此时，适宜补充少量的白开水或盐水。

第五，不要立即洗澡。 运动后，特别是夏天，由于大量排汗，很多人想立刻洗掉这些汗液，有的人甚至用冷水冲澡，这样很容易对皮肤造成严重的伤害，由热突然变冷会对毛囊造成损害，导致皮肤出痘且瘙痒。当然，运动后也不建议立即用热水冲澡，因为这样会增加血液的循环量，导致人更加疲劳，甚至出现虚脱的现象。

第六，不要立即吃饭。运动后，特别是剧烈运动后，运动神经中枢处于高度兴奋状态，在它的影响下，管理内脏器官活动的副交感神经系统加强了对消化系统的抑制。另外，在运动时，全身血液进行了重新分配，主要集中供应运动器官的需要，而腹腔内各器官的供血量相对减少。这使胃肠道的蠕动减弱，各种消化液的分泌大大减少。这种状态在运动结束20～30分钟后才能缓解。运动后如果立即吃饭，则会增加消化器官的负担，引起消化功能紊乱，甚至造成多种疾病。

拉伸方法

拉伸时，肌肉长度会超过静息长度，使静息收紧的肌肉变得松弛。在进行练习前，充分拉伸能避免肌肉出现痉挛或强直收缩状态，有助于肌肉动员。拉伸还能检测潜在的酸痛或伤病，如果拉伸过程中身体出现剧烈的疼痛，或拉伸范围无法达到正常水平，那么就不要锻炼该肌群。要确保在充分热身或放松后再进行拉伸练习，千万不要在未热身的情况下拉伸肌肉。

无论是否锻炼某个肌群，练习前后都要拉伸所有肌肉。因为剧烈活动时，非直接参与的肌肉会收紧，以配合主动肌工作。安全、简单的静态拉伸更适合中老年人。

> 静态拉伸：缓慢移动至肌肉最大拉伸位置，这时往往会感觉有一点痛，保持20～30秒。
>
> 需要注意的是，在拉伸过程中，一定要缓慢移动到拉伸位置，不能快速到位，特别是背部和颈部延展性较差的肌肉。每次拉伸至少保持20秒并重复2～3次。

1. 肱三头肌拉伸

　　肱三头肌位于上臂后侧，在进行完俯卧撑、乒乓球、羽毛球等上肢运动后会比较疲劳。

右臂举过头顶，屈肘，上臂靠在墙上。

保持 **20秒**

感受右上臂有中等程度的拉伸感！

中等

左手握住右上臂，使右手靠近肩关节；同时身体以右臂为支点压向墙壁。

身体右侧靠墙站立。

扫码看视频

2. 胸部肌肉拉伸

　　胸部肌肉在进行完俯卧撑、乒乓球、羽毛球等上肢运动后会比较疲劳，久坐后胸肌也会紧张。

保持
20秒

慢慢向上抬起手臂，
至胸部有牵拉感。

感受胸部有中等程度的
拉伸感！

中等

站姿，双手在背
后十指相扣。

扫码看视频

3. 三角肌后束和上背拉伸

三角肌后束位于上臂后上部，在进行完乒乓球、羽毛球等上肢运动后会比较疲劳。

保持
20秒

右臂横于胸前。

左臂屈肘夹住右肘向后下方拉。

感受右上臂有中等程度的拉伸感！

中等

扫码看视频

4. 上背拉伸

久坐后上背肌肉会紧张，进行完上肢力量练习后上背肌肉会疲劳。

感受背部有中等程度的拉伸感！

中等

保持
20秒

双手扶椅，弯腰，至
背部有拉伸感。

扫码看视频

面对椅子站立，与椅子相
距1米。

5. 臀部肌肉拉伸

久坐会使臀部肌肉萎缩、血液循环变差，进行完登山、骑车等下肢力量练习后臀部肌肉会疲劳。

右手下压右膝，身体前倾。

保持
20秒

右小腿放在左腿上。

感受臀部肌肉有中等程度的拉伸感！

中等

扫码看视频

6. 大腿前侧肌肉拉伸

面对墙壁站立。

右手扶墙，左手握住左脚背，将脚跟向臀部拉。

保持
20秒

感受左大腿前侧肌肉有中等程度的拉伸感！

中等

扫码看视频

7. 大腿后侧肌肉拉伸

右手摸右脚尖。

保持
20秒

坐在垫子上，右腿伸直，
左脚抵住右大腿。

感受右大腿后侧肌肉有中等程度的拉伸感！

中等

扫码看视频

8. 小腿肌肉拉伸

久坐会使小腿肌肉血液循环变差，进行完步行、跑步、登山、骑车等下肢力量练习后小腿肌肉会疲劳。

保持
20秒

左腿向后撤一大步，保持脚尖向前。

面对椅子站立，双手扶椅。

感受左小腿肌肉有中等程度的拉伸感！

右腿屈膝，身体前倾至左小腿有拉伸感。

扫码看视频

中等

第三章

力量练习方法

　　现在，我们可以真正开始进行力量练习了。本章为您选择了经典、简单、难度循序渐进且仅需要一些常见小器械的力量练习。对于初学者来说，练习的质量比数量更为重要，因此千万不要盲目追求数量。让我们一起来看看，如何增强身体的力量吧！

力量练习的锻炼效果远远大于其他练习，力量练习能增加肌肉密度、燃烧更多热量、改善肌肉外形、提高人们的自信心。由于肌肉力量与耐力的增加，人们进行爬楼梯等体力活动时会倍感轻松。力量练习能大幅提高身体健康水平。

近些年，新的力量练习方法不断涌现，不胜枚举，人们很难选择用哪种方法进行练习。其实，练习方法没有好坏之分，适合自己的就是最好的。力量练习动作千变万化，但万变不离其宗，大多是在一些基础体式上进行演变，根据动作的变化，练习的难度有所增减，但针对的肌群大致相同。健身人群特别是健身初学者，掌握了最基本的练习动作，就掌握了动作的核心内容。

本书选择力量练习动作主要遵循以下四个原则。

第一，经典动作。掌握了经典动作，在此基础上根据自身能力可以衍生出很多动作，用于进阶（增加难度）或退阶（减小难度）练习。

第二，简单动作。对于初学者而言，动作需要精，无须讲究动作的花哨，能够快速掌握且有效的动作就是最好的动作。

第三，包含不同难度的动作。**针对锻炼肌肉，每个部位都选用了1~3个动作，以满足不同阶段的练习需求。**

第四，徒手动作优先。本书中选用的动作，若能以自身重量为阻力，则优先选择。一般情况下，如果需要增加练习负荷，可以从改变身体姿态（例如仰卧姿势、坐姿、跪姿、站姿等）、增加力量器械（例如哑铃、弹力带、壶铃、杠铃等）和动作速度三个方面考虑即可。

第一节 胸部

胸部是躯干的较大肌群，胸肌能协助身体完成很多手臂动作，例如投掷、前推、击打等。发达的胸肌能体现锻炼的质量。胸部的练习动作也可以用于练习上臂。

胸肌主要包括胸大肌和胸小肌。

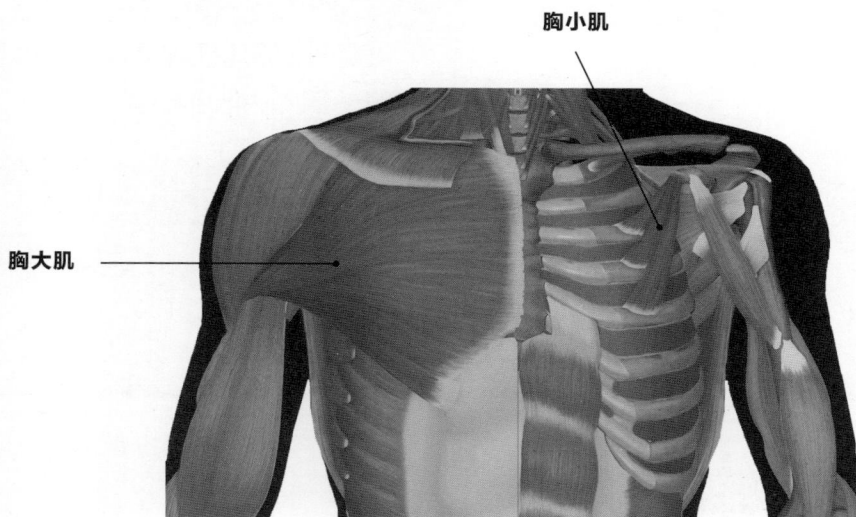

胸小肌

胸大肌

俯卧撑

均匀呼吸　　**身体呈一条直线**

停留
1~2秒

绷紧腹部

呼气

1 俯卧在垫面上。两手置于胸部两侧，距离略比肩宽。双脚并拢，双腿伸直。双臂伸直，脚尖撑地。

2 双肘弯曲，使整个身体下沉，直到胸部几乎触及地板，停留1~2秒，推回至起始位置。

教练提示 ❗ **动作要点**

整个练习过程中，绷紧腹部，不要低头，有助于保持身体固定。收紧臀肌，有助于保持骨盆稳定，并使其与上身呈一条直线。不要塌腰、翘臀。

▶ **目标肌群**

主要锻炼胸大肌。

扫码看视频

034

退阶练习 **上斜俯卧撑**

双手放在墙面、窗台、桌子、训练椅或台阶等稳定支撑物上，上身抬高，减少了必须撑起的体重，练习难度降低。

进阶练习 **下斜俯卧撑**

将双脚放在台阶、箱子或训练椅等稳定支撑物上，抬高双腿，使身体重量更多集中于上身，增加了需要撑起的体重比例，练习难度增加。

双臂胸前推

均匀呼吸

1 仰卧在垫面上，屈膝。弹力带经后背部，在双手各绕一圈。双手持哑铃，置于胸前。

停留 **2秒**

呼气

2 双臂伸直，将哑铃举在胸部最上方，停留2秒，放下哑铃，回到起始位置。

教练提示 **动作要点**

练习时，双脚始终平放于垫面上，手腕始终保持伸直状态。

▶ **目标肌群**

主要锻炼胸大肌。

扫码看视频

退阶练习 **坐姿双臂胸前推**

扫码看视频

哑铃仰卧飞鸟

均匀
呼吸

全程保持
肘部微屈

1 双手持哑铃，仰卧于训练椅上，双脚分开放于地面。将哑铃举至胸部上方，掌心向前。

呼气

停留 **2秒**

2 保持肘部微屈，双臂外展至上臂约与地面平行，停留2秒。然后举起哑铃，回到起始位置。

在低位时，哑铃约与地面平行

▶ **目标肌群**

主要锻炼胸大肌。

扫码看视频

第二节 背部

背部肌肉的强度对于维持脊椎的稳定性和正确姿势至关重要。如果背部肌肉力量较弱，它们就无法有效地支撑脊椎，导致脊椎容易偏离原来的位置，从而增加损伤的风险。长时间保持不良姿势，如驼背，会导致背部肌肉失衡。这种持续的张力不平衡不仅可能导致脊椎问题，还可能引发多种体态问题。因此，加强背部肌肉的锻炼对于保护脊椎和改善体态有重要的意义。

背部肌肉包括斜方肌、背阔肌、小圆肌、菱形肌、竖脊肌、大圆肌等。

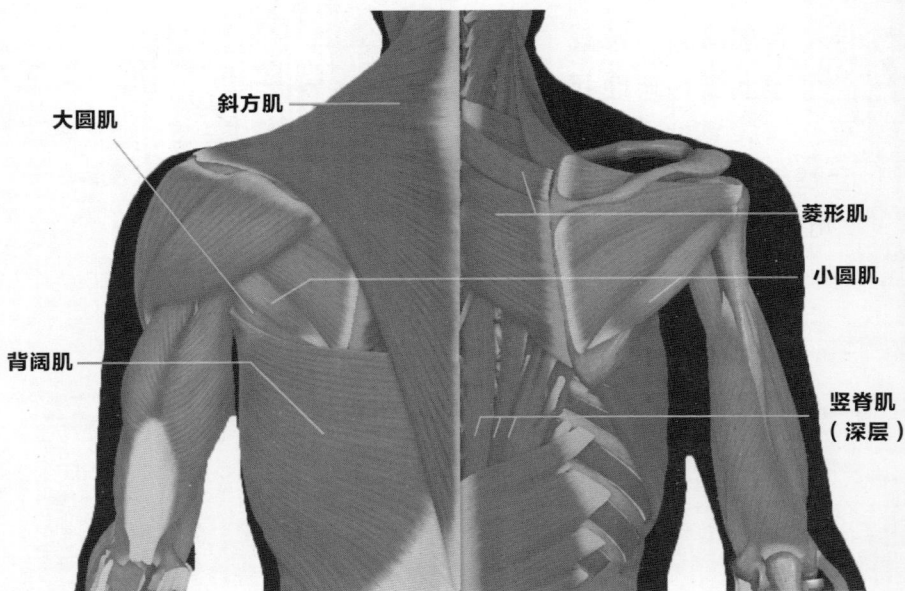

大圆肌
斜方肌
菱形肌
小圆肌
背阔肌
竖脊肌
（深层）

背部肌肉力量薄弱常见的表现有圆肩、驼背等。日积月累，背部肌肉由短期的拉长变为长期的劳损，产生酸痛感。这些都可以通过背部的力量练习来改善。

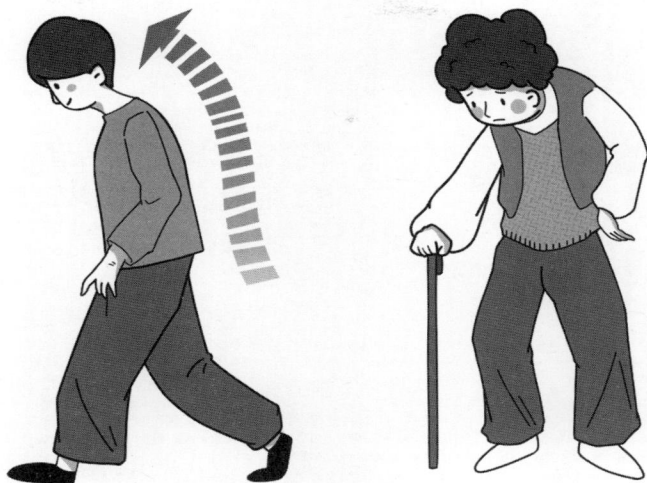

Y 字平举

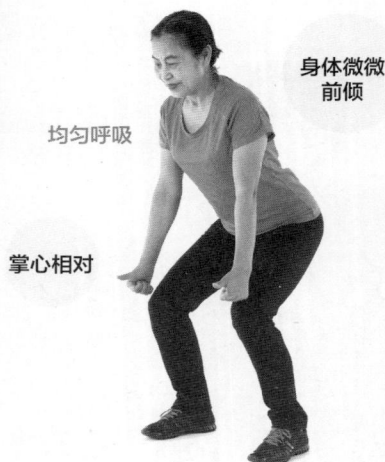

均匀呼吸

身体微微前倾

掌心相对

1 站姿，双脚分开与肩同宽。微屈膝、屈髋。手臂自然下垂。掌心向内，握拳，拇指向前。

2 尽可能地抬高手臂，在最高位置停留2秒。慢慢放下，回到起始位置。

掌心始终相对

呼气

停留 **2秒**

教练提示！ 动作要点

> 在最高位置，双臂应该与身体形成一个 Y 字。

▶ 目标肌群

主要锻炼斜方肌。

扫码看视频

040

T 字平举

身体微微前倾

均匀呼吸

双臂始终垂直于躯干

1 站姿，双脚分开与肩同宽。微屈膝、屈髋。手臂与躯干垂直，伸直。掌心向内，握拳，拇指向前。

呼气

双手拇指指向上方

停留 **2秒**

2 下肢和躯干保持不动，不要抬头，手臂向侧后方伸展至与肩齐平，停留2秒。慢慢放下，回到起始位置。

▶ **目标肌群**

主要锻炼斜方肌上、中部、菱形肌。

扫码看视频

L 字平举

腰背挺直

均匀呼吸

呼气

上臂垂直于躯干

向上旋转手臂

停留 **2秒**

1 站姿，双脚分开与肩同宽。微屈膝、屈髋。手臂下垂。掌心向内，握拳，拇指向前。

2 屈肘，不要抬头，保持前臂与地面垂直且不动，上臂侧向抬起至垂直于躯干。尽可能向上和向后旋转上臂，停留2秒，然后慢慢放下。

▶ **目标肌群**

主要锻炼小圆肌、冈下肌。

扫码看视频

W 字平举

屈肘90°

均匀呼吸

身体微微
前倾

1 站姿，双脚分开与肩同宽。微屈膝、屈髋，屈肘约90°。掌心向前，握拳，双手拇指相对。

停留 **2**秒

呼气

垂直向上
抬手臂

教练提示 **动作要点**

掌心向前，双手拇指相对，不要塌腰。

2 不要抬头，保持肘部曲度，尽可能抬高手臂，在最高位置停留2秒。然后慢慢放下，回到起始位置。

▶ **目标肌群**

主要锻炼斜方肌上部。

扫码看视频

哑铃俯身后拉

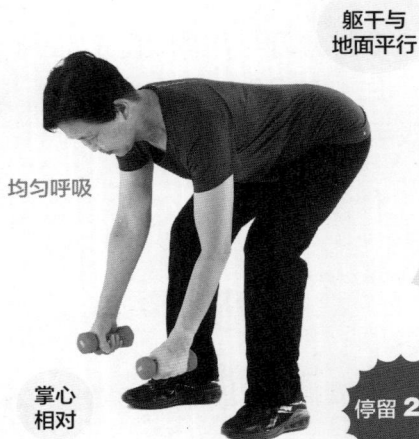

躯干与
地面平行

均匀呼吸

掌心
相对

停留 2秒

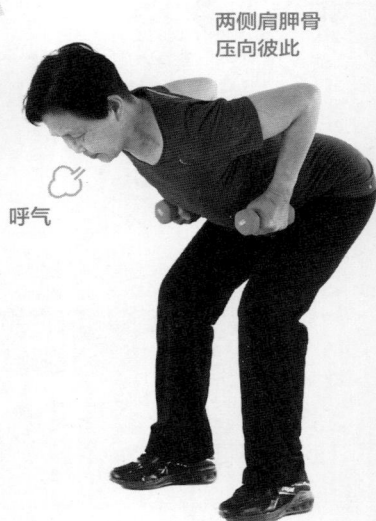

两侧肩胛骨
压向彼此

呼气

1 双手持哑铃，掌心相对，站姿，双脚分开与肩同宽，躯干与地面平行。双臂自然下垂，将哑铃置于肩部正下方。

教练提示 ! 动作要点

练习中始终保持挺胸，下背部自然拱曲。

2 肘部弯曲，将哑铃拉至身体两侧停留2秒。然后慢慢放下，回到起始位置。

▶ **目标肌群**

主要锻炼背阔肌、斜方肌中部和下部、菱形肌。

扫码看视频

退阶
练习
坐姿哑铃俯身后拉

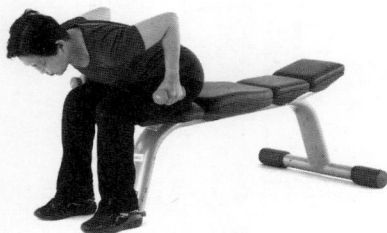

扫码看视频

进阶
练习
弹力带单臂剪草机后拉

扫码看视频

哑铃单臂后拉

腰背挺直

均匀呼吸

躯干平行于地面

1 右手和右膝放在训练椅上。下背部自然拱曲，躯干平行于地面。左手持哑铃，手臂自然下垂。

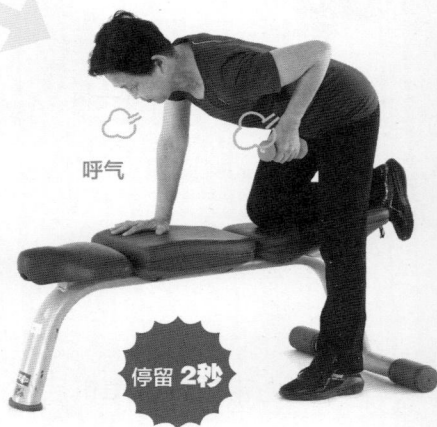

呼气

停留 **2**秒

2 把左手哑铃上提至身体的一侧，尽量抬高肘关节，在最高位停留2秒。慢慢放下，回到起始位置。

教练提示 **!** **动作要点**

整个练习过程中，不要抬头。上提哑铃时，肘部尽可能靠近身体。

▶ **目标肌群**

主要锻炼背阔肌、斜方肌中部和下部、菱形肌。

扫码看视频

俯卧抬起上身

均匀呼吸　　**下颌微收**

1 俯卧在垫面上，下颌微收。手臂放在身体两侧，掌心向下。

停留 **2秒**

呼气

2 尽可能抬高上身，在最高位置停留2秒。慢慢放下，回到起始位置。

▶ 目标肌群

主要锻炼竖脊肌。

扫码看视频

弹力带斜向下拉

均匀呼吸

掌心
向下

呼气

停留 **2秒**

2 身体保持不动，双肘弯曲，将弹力带拉至腰侧，停留2秒。慢慢放松弹力带，回到起始位置。

1 站姿，双脚分开与肩同宽。双臂伸直，置于头部前上方，双手握住弹力带。

▶ **目标肌群**

主要锻炼背阔肌、大圆肌、肱二头肌。

扫码看视频

教练提示 **动作要点**

下拉弹力带时，双臂紧贴躯干移动。整个练习过程中，保持身体不动。

退阶练习 **跪姿弹力带斜角下拉**

扫码看视频

第三节 肩部

肩关节周围的肌肉强壮，可以降低颈部和肩部疼痛的风险。

肩袖肌群由肩关节周围的四块肌肉组成，它们分别为冈上肌、冈下肌、小圆肌和肩胛下肌，可以起到保护肩关节、维持肩关节稳定性和肩部姿态的作用。若这些肌肉力量薄弱，则会导致肩关节前面的肌肉将肩部向前拉，造成圆肩、驼背等不良姿态。

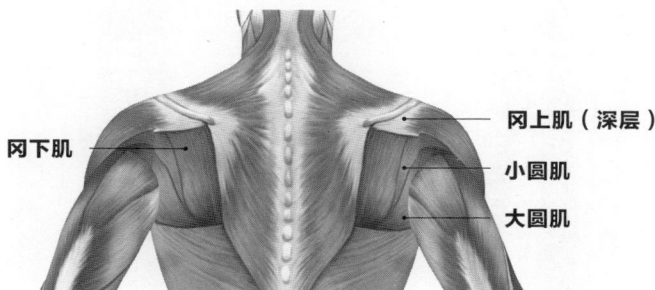

冈下肌

冈上肌（深层）

小圆肌

大圆肌

此外，肩关节周围还有三角肌、斜方肌上部、大圆肌等肌肉，主要负责产生力量。虽然这些肌肉在绝大多数上身练习中都会用到，但也需要专门练习。

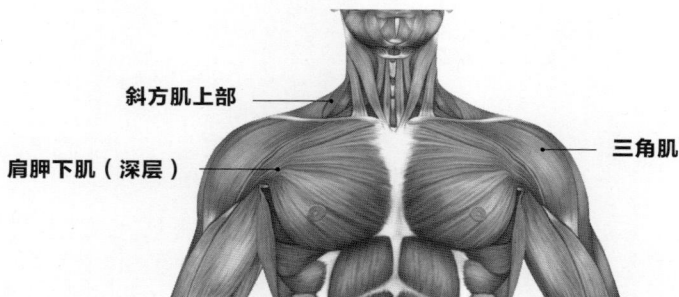

斜方肌上部

肩胛下肌（深层）

三角肌

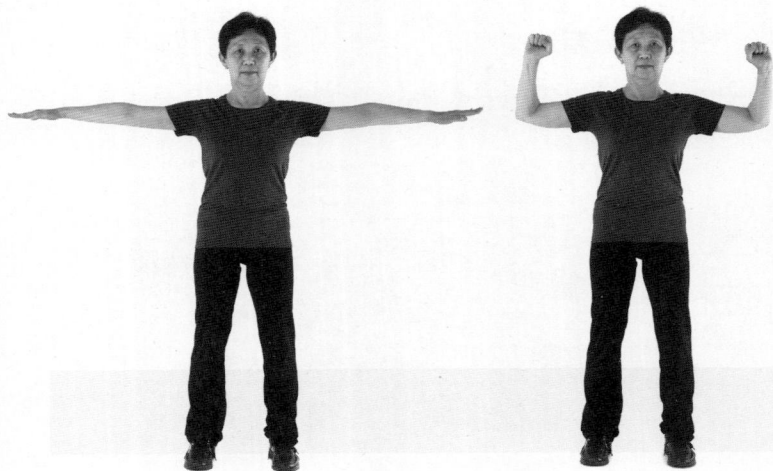

1 双脚分开，与肩同宽。双臂侧平举，伸直，与地面平行。屈肘90°，掌心向前，握拳。

▶ 目标肌群

主要锻炼三角肌、
肩袖肌群。

扫码看视频

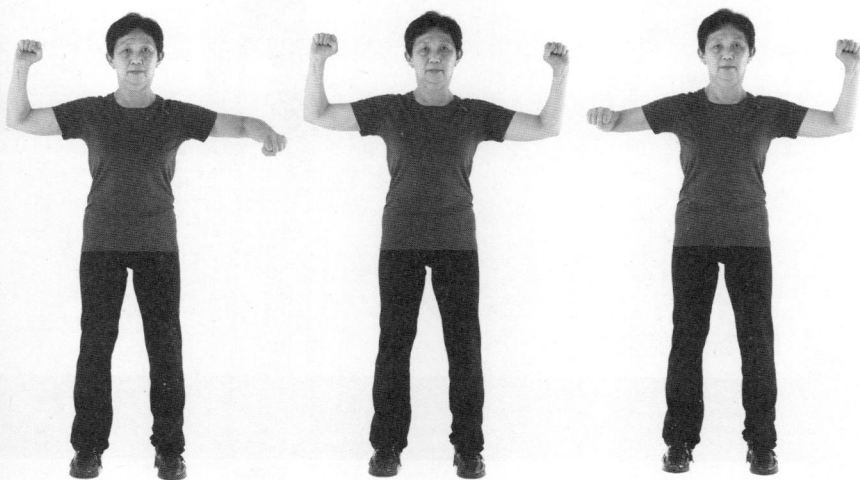

2 右臂和左上臂保持不动，左前臂下降至约与地面平行，左前
臂上抬，回到起始位置。换右前臂下降。左、右臂交替进行
练习。练习过程中锁定肘部，保持核心收紧。

退阶
练习　**椅子招财猫式**

进阶
练习　**哑铃招财猫式**

初练者为保持核心稳定，可采用坐姿进行练习。

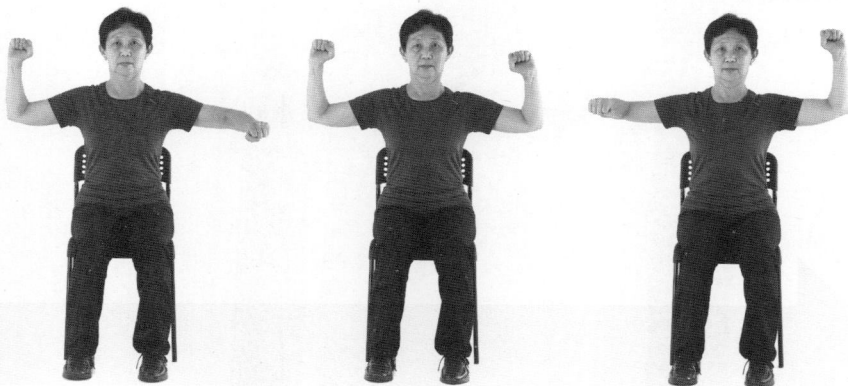

如果想要提高练习难度，可双手持哑铃进行练习。

哑铃肩上推举

均匀呼吸

停留 **2**秒

呼气

哑铃推举
至肩部正
上方

核心
收紧

1 站姿，双手持哑铃置于肩部
外侧，掌心向前。双脚分开
与肩同宽，双腿微屈。

2 向上推举哑铃，直至将哑铃
推举至肩部正上方，停留2
秒。慢慢放下哑铃，回到起
始位置。

教练
提示！ **动作要点**

练习过程中锁定肘部。

▶ **目标肌群**

扫码看视频

主要锻炼三角肌前
束、三角肌中束、
肱三头肌、斜方肌。

退阶 练习 坐姿哑铃肩上推举

初练者为保持核心稳定，可采用坐姿进行练习。

进阶 练习 坐姿弹力带双臂推举

如果想要提高练习难度，可使用弹力带进行练习。

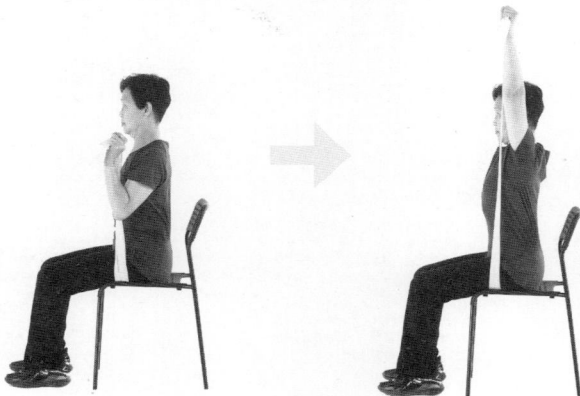

哑铃双臂前平举

均匀呼吸

双肘微屈

停留 **2秒**

呼气

核心收紧

1 站姿，双手持哑铃置于身体两侧，掌心向后。双脚分开与肩同宽，双腿微屈。

2 双臂向前抬起，直至与肩同高，停留2秒。慢慢放下哑铃，回到起始位置。

▶ **目标肌群**

主要锻炼三角肌前束。

扫码看视频

退阶练习 **坐姿哑铃双臂前平举**

初练者为保持核心稳定，可采用坐姿进行练习。

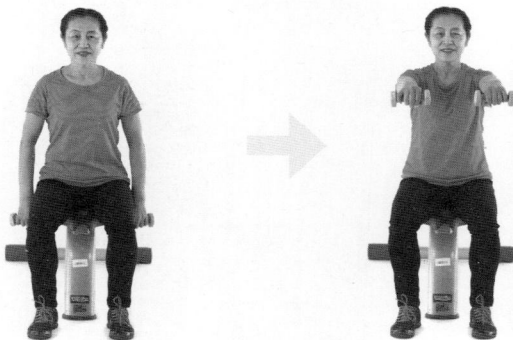

扫码看视频

进阶练习 **哑铃双臂交替前平举**

如果想要提高练习难度，可进行双臂交替前平举练习。

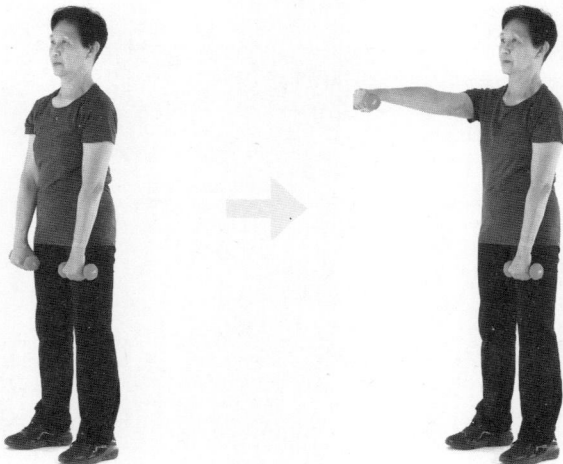

哑铃双臂侧平举

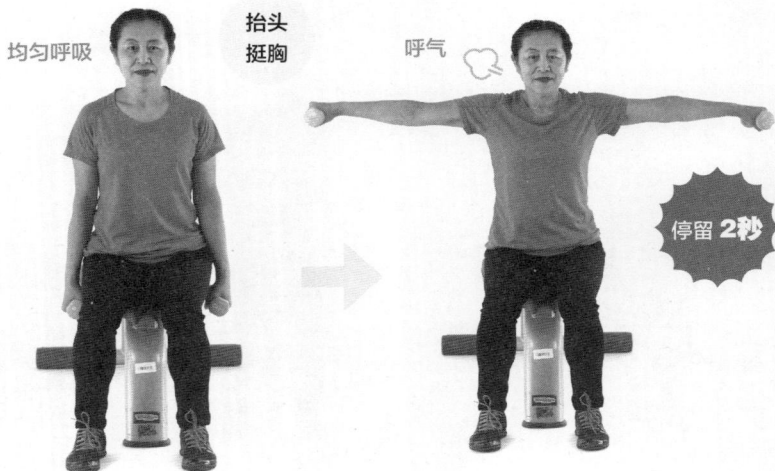

均匀呼吸　　抬头挺胸　　呼气

停留**2**秒

1 坐在训练椅上，双脚平放于地面上。双手持哑铃，置于身体两侧，手臂伸直，掌心相对。

2 保持肘部微屈，双臂侧向抬起，抬至与肩同高，停留2秒。慢慢放下哑铃，回到起始位置。

教练提示！ **动作要点**

练习过程中，肘部保持微屈，核心收紧。

▶ **目标肌群**

主要锻炼三角肌中束。

扫码看视频

1. 弹力带侧平举

扫码看视频

2. 弓步弹力带侧平举

扫码看视频

哑铃俯身双臂平举

均匀呼吸   微微
屈肘

1 坐姿，双脚分开与肩同宽。身体前倾，趴在膝盖上。双手持哑铃，微微屈肘，手臂自然下垂。

停留 **2秒**

呼气

2 保持肘部不动，缓慢地向侧上方平举哑铃，至与肩同高，停留2秒。慢慢放下哑铃，回到起始位置。

▶ **目标肌群**

主要锻炼三角肌后束。

扫码看视频

哑铃单臂肩外旋

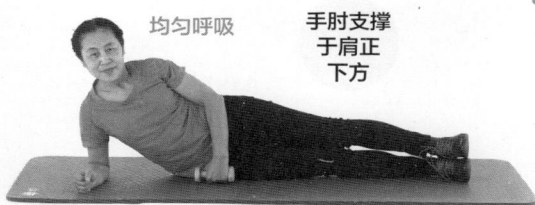

教练提示 **动作要点**

旋转手臂时，保持肘部固定。

均匀呼吸 　手肘支撑于肩正下方

1 右侧卧。右肘支撑，抬起上身，双腿伸直并拢。左手持哑铃，放在身体前侧。

停留 **2秒**

屈肘 90°

呼气

2 保持左上臂贴紧身体，尽可能向上和向后旋转上臂，在最高处停留2秒。慢慢放下，回到起始位置。左臂完成规定次数后，换成左侧卧，右臂重复上述动作。

▶ **目标肌群**

主要锻炼肩袖肌群。

扫码看视频

第四节

臂部

　　手臂肌肉主要包括肱三头肌、肱二头肌及前臂肌群等。肱三头肌负责上臂肘关节伸展；肱二头肌负责屈肘，肱肌和肱桡肌协同；前臂肌群包含很多屈腕、伸腕和屈指、伸指的肌肉。

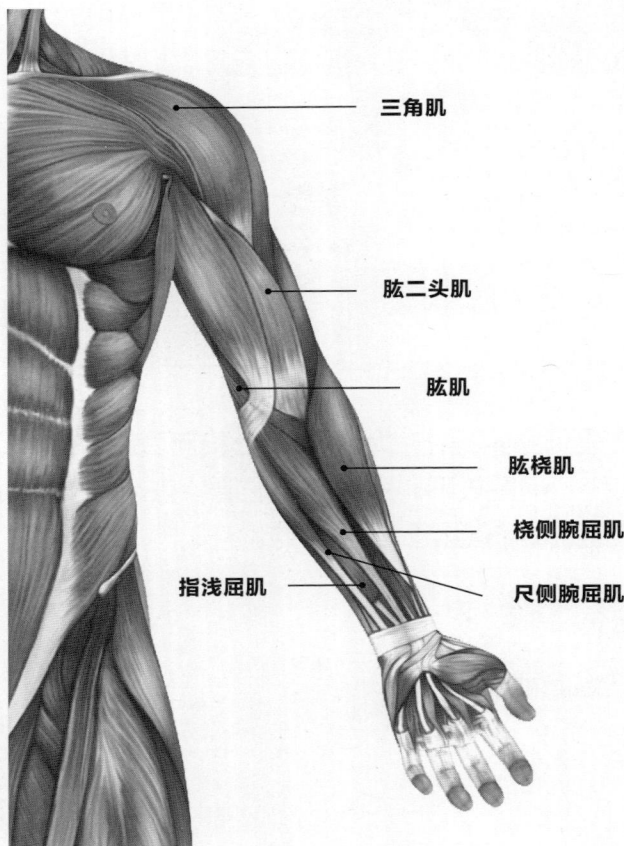

三角肌

肱二头肌

肱肌

肱桡肌

桡侧腕屈肌

尺侧腕屈肌

指浅屈肌

　　双臂参与日常生活中绝大多数的工作，加强手臂力量和耐力非常重要。手臂强壮，生活可以更轻松；手臂强壮，可以降低损伤的风险，例如肘部被迫突然弯曲时，肱三头肌可以减轻压力；手臂强壮，可以让全身其他肌肉获益。大多数上身的肌肉练习都会用到手臂，如果手臂肌肉力量薄弱，太早疲劳，会使胸部、背部和肩部的肌肉锻炼不足。

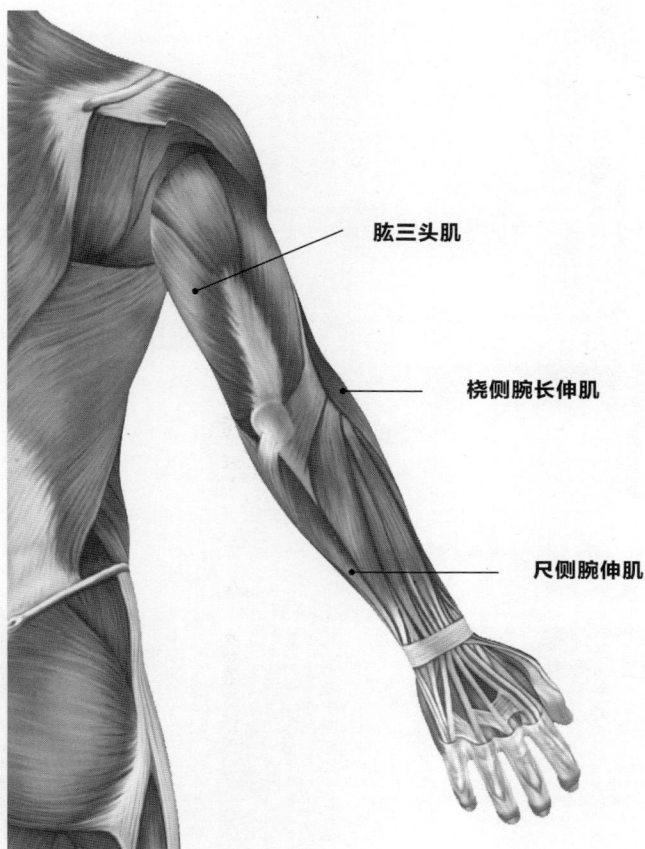

肱三头肌

桡侧腕长伸肌

尺侧腕伸肌

哑铃双臂弯举

均匀呼吸

掌心朝前

1 坐在训练椅上，双脚平放于地面，脊柱居中，挺胸。双手握哑铃，手心朝前，双臂伸直，置于体侧。

呼气

停留**2秒**

2 上臂不动，缓慢弯曲肘部，使其尽可能接近肩部，在最高处停留2秒。慢慢放下，回到起始位置。

▶ 目标肌群

主要锻炼肱二头肌、肱肌、肱桡肌。

扫码看视频

1. 靠墙双臂弯举

靠墙练习，有墙壁支撑，核心更稳定，使肱二头肌发力更集中。

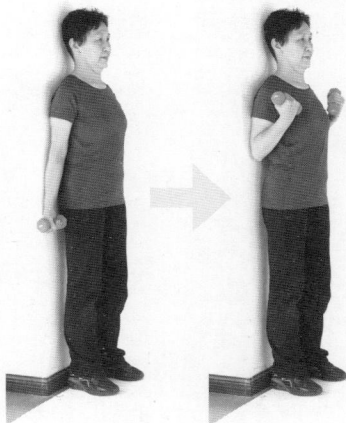

扫码看视频

2. 弓步弹力带双臂弯举

扫码看视频

单臂哑铃弯举

均匀呼吸

双脚距离为二倍肩宽

1 坐在训练椅上，双腿分开。右手扶在右大腿上。左手持哑铃，手臂在左大腿内侧自然下垂，挺胸。

呼气

停留 **2秒**

双腿
不动

2 屈左肘，上举哑铃至右肩前方，停留2秒。放下哑铃，回到起始位置。左侧手臂完成规定次数后，换右侧手臂练习。

▶ 目标肌群

主要锻炼肱二头肌、肱肌、肱桡肌。

扫码看视频

哑铃颈后臂屈伸

后背
挺直

均匀呼吸

腕关节尽
量靠拢

呼气

停留 **2秒**

1 坐在训练椅上，后背挺直，双脚平放于地面，双手握住哑铃，伸直双臂，将哑铃举至头的上方。

2 上臂不动，弯曲肘部，将哑铃降低到头部后方，直至前臂至少与地面平行，停留2秒。伸直手臂，回到起始位置。

进阶
练习　**弹力带过顶臂屈伸**

扫码看视频

▶ **目标肌群**

扫码看视频

主要锻炼肱三头肌。

哑铃仰卧臂屈伸

掌心相对　均匀呼吸

1 握住一对哑铃，掌心相对，仰卧在训练椅上。双臂弯曲，将哑铃置于额头上。

呼气　上臂不动　停留**2**秒

> **教练提示**
>
> **动作要点**
>
> 练习过程中始终保持五点接触：头、肩部、臀部靠在训练椅上，双脚平放在地面上。

2 伸直手臂，使哑铃位于下巴正上方，停留2秒。弯曲肘部缓慢降低哑铃，上臂保持不动，回到起始位置。

▶ **目标肌群**

主要锻炼肱三头肌。

扫码看视频

弹力带单臂屈伸

均匀呼吸

核心收紧，
身体保持
不动

1 站姿，双脚分开与肩同宽。左手握住弹力带下端，右手握住弹力带上端，屈肘上抬，置于左侧肩部（弹力带的长度约为前臂长度）。

呼气

停留 **2秒**

右臂
不动

2 右臂保持不动，左手向下拉弹力带至手臂伸直，停留2秒。慢慢收回，回到起始位置。左侧手臂完成规定次数后，换右侧手臂练习。

▶ 目标肌群

主要锻炼肱三头肌。

扫码看视频

反握腕屈伸

均匀
呼吸

身体
前倾

1 坐在训练椅上，双脚分开与肩同宽。双臂放在双腿上，掌心向上，双手自然悬空握住哑铃。

呼气

2 朝向身体抬起手掌，使手腕向上弯曲，停留2秒。回到起始位置。

停留**2秒**

教练提示 **动作要点**

练习时，只有手腕动，上臂和前臂不动。

▶ **目标肌群**

主要锻炼腕屈肌。

扫码看视频

正握腕屈伸

均匀
呼吸

掌心
向下

1 坐在训练椅上，双脚分开与肩同宽。双臂放在双腿上，双手自然悬空握住哑铃。

呼气

保持**2秒**

2 朝向身体抬起手背，使手腕向上伸展。回到起始位置。

教练
提示

动作要点

练习时，前臂不要抬离双腿。

▶ **目标肌群**

主要锻炼腕伸肌。

扫码看视频

第五节　臀部

　　臀肌是位于髋关节后方的若干大小肌肉，解剖学功能是后伸、外展和外旋髋关节。臀肌是维持身体姿态的重要肌肉，人体站立时，臀肌和腘绳肌都在工作。而现在大多数人坐着的时间越来越长，久坐的不良后果是臀肌变得越来越弱。臀肌是产生力量及在上下肢之间传导力量的关键肌肉，臀肌中的臀大肌体积、力量都比较大，如果它变弱，将会使腰部、下肢肌肉负担过重，导致腰椎、膝盖、髋部和下背部疼痛和损伤。

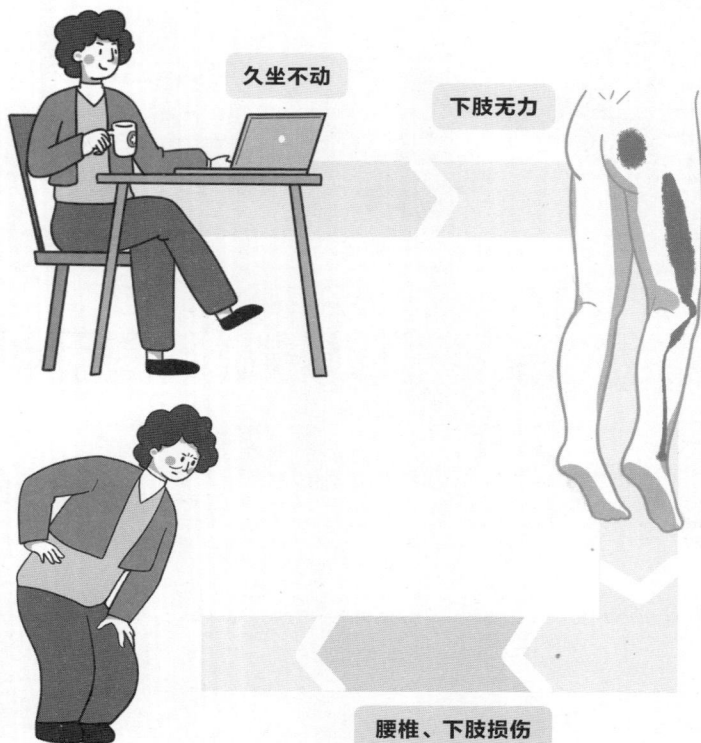

久坐不动

下肢无力

腰椎、下肢损伤

增强臀部肌肉力量不仅能拥有漂亮的体型，提高下肢运动速度和力量，还能降低晚年髋关节骨折的风险。因此，强健臀肌是我们锻炼的首要任务。

臀部主要肌肉包括臀大肌、臀中肌和臀小肌。

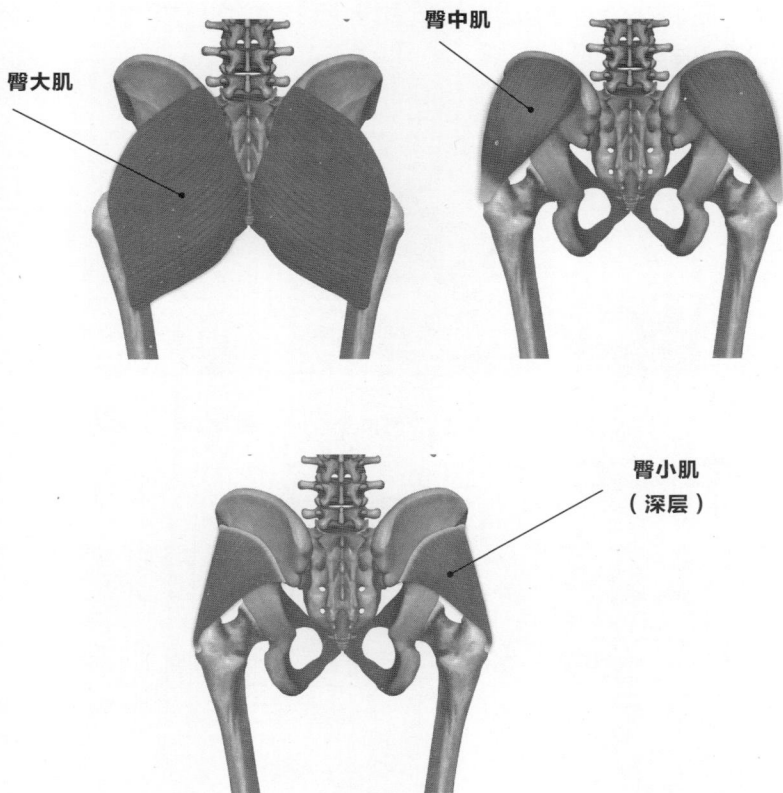

臀大肌

臀中肌

臀小肌
（深层）

臀桥

均匀呼吸　　　　　　勾脚尖

1 仰卧，屈膝，双脚分开与髋同宽，脚跟着地。双臂放在身体两侧，掌心向下。

停留 **5秒**

呼气

2 抬臀，在最高处使身体从肩到膝盖呈一条直线，停留5秒。慢慢降低身体，回到起始位置。

教练提示！ 动作要点

在最高处，身体从肩到膝盖呈一条直线，收紧臀肌。

▶ **目标肌群**

主要锻炼臀肌、腘绳肌。

扫码看视频

如果想进一步激活臀肌，提高其参与程度，可以进行哑铃负重臀桥、迷你带臀桥膝外推等。

进阶
练习
1. 哑铃负重臀桥

扫码看视频

进阶
练习
2. 迷你带臀桥膝外推

扫码看视频

单腿臀桥

脚尖始终
保持抬起

均匀呼吸

1 仰卧，屈膝，两脚分开与髋同宽，勾脚。右腿伸直，抬起，直至
与左大腿在同一平面上。双臂放在身体两侧，掌心向下。

臀肌
发力

停留 **5秒**

呼气

2 抬臀，并保持右腿抬高，身体从肩到膝盖呈一条直线。慢慢降
低身体，回到起始位置。左腿完成规定次数后，换右腿重复上
述动作。

▶ 目标肌群

主要锻炼臀肌、腘绳肌。

扫码看视频

退阶
练习　**抱膝单腿臀桥**

确保抬起臀部时，是臀肌发力而不是下背部发力，可以进行抱膝单腿臀桥练习。

扫码看视频

进阶
练习　**迷你带单腿臀桥膝外推**

扫码看视频

迷你带侧卧蚌式

均匀
呼吸

双脚
并拢

1 将迷你带套在两腿膝盖略靠上的位置。右侧卧位，髋和膝屈曲45°。左手扶髋，右肘支撑，抬起躯干，双脚并拢。

停留 **2秒**

呼气

2 保持双脚接触，臀部发力带动左大腿外旋，停留2秒同时骨盆保持不移动。慢慢返回到起始位置。完成规定次数后，换右侧练习。

教练提示 ❗动作要点

练习时，要收紧腹肌，保持骨盆和躯干不动，双脚始终保持接触。

▶ 目标肌群

主要锻炼臀中肌。

扫码看视频

跪撑髋外展

均匀呼吸

1 双手触垫，双膝跪在垫子上。双手分开，与肩同宽。双膝分开，与髋同宽。

腰背挺直

停留 **2秒**

呼气

2 向外侧抬右膝，直至约与躯干同高，停留2秒。放下右膝，回到起始位置。右侧完成规定次数后，换左侧练习。

教练提示

动作要点

动作起始时，双手放于肩的正下方，大腿垂直于地面。抬膝时，躯干不能转动。练习时，不要抬头。

▶ **目标肌群**

主要锻炼臀中肌。

扫码看视频

跪撑屈膝伸髋

均匀呼吸

1 双手触垫，双膝跪在垫子上。双手分开，与肩同宽。双膝分开，与髋同宽。

停留**2**秒

呼气

2 保持屈膝角度不变，左大腿向后上方抬起，直至大腿与地面平行，停留2秒。放下左大腿，回到起始位置。左侧完成规定次数后，换右侧练习。

教练提示！ **动作要点**

动作起始时，双手放于肩的正下方，大腿垂直于地面。抬腿时，躯干不能转动。练习时，不要抬头。

▶ **目标肌群**

扫码看视频

主要锻炼臀大肌、腘绳肌。

哑铃基本硬拉

均匀呼吸

双肩下沉

双臂伸直

1 在身体前方地面上放一对哑铃。双脚分开与肩同宽。俯身屈膝，双肩下沉，双臂伸直，正握哑铃，挺胸。

呼气

停留2秒

向前挺髋

2 保持挺胸，握住哑铃，慢慢起身，向前挺髋，站直后停留2秒。慢慢将哑铃放回地面，回到起始位置。

教练提示！ 动作要点

站起时，向后上方拉躯干，向前挺髋。

▶ **目标肌群**

主要锻炼臀大肌、腘绳肌。

扫码看视频

哑铃直腿硬拉

均匀呼吸

1 在身体前方地面上放一对哑铃。双脚分开，与肩同宽。双腿伸直，弯腰抓住哑铃。

教练提示 **动作要点**

练习时，尽量让腘绳肌主动发力，减少腰部发力。

停留 **2秒** 呼气

哑铃靠近身体

2 伸展腰部，直至完全伸直。双臂伸直，肘关节收紧，哑铃尽可能靠近身体，停留2秒。放下哑铃，回到起始位置。

▶ **目标肌群**

主要锻炼臀大肌、腘绳肌。

扫码看视频

第六节　腿部

所谓"腿老"，就是随着年龄的增长，腿部肌肉逐渐流失，力量随之下降，以往能完成的动作无法完成或完成次数少了，例如上楼梯、步行时感到困难，这会严重影响生活质量。良好的腿部肌肉力量可以保护膝关节少受损伤，并降低跌倒的风险。腿部的力量、耐力练习除了可以提高下肢功能，还可以同时提高心肺功能，降低高血压、高血糖等发生的风险。

腿部肌肉主要包括大腿的股四头肌、腘绳肌、内收肌群，小腿的腓肠肌、比目鱼肌等。

股四头肌是人体中体积最大的肌肉，由四块肌肉组成，其中股外侧肌、股内侧肌和股中间肌有伸膝关节的功能，股直肌跨越髋膝两个关节，具有屈髋和伸膝两种功能。股四头肌中各块肌肉的起点并不一致，但是都在膝盖处汇集。

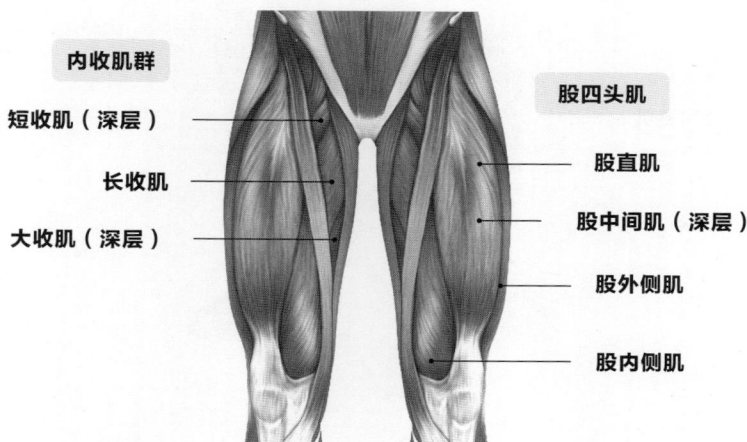

内收肌群
短收肌（深层）
长收肌
大收肌（深层）

股四头肌
股直肌
股中间肌（深层）
股外侧肌
股内侧肌

腘绳肌的功能和臀肌接近，在锻炼臀肌时腘绳肌也会得到很好的锻炼。

腓肠肌和比目鱼肌位于小腿后侧，是踝关节蹬伸的主要肌肉，在步行、跑步等运动中使用最多；同时因其位于人体较低位置，血液循环比较差，因此更需要通过力量练习保持和提高小腿力量。

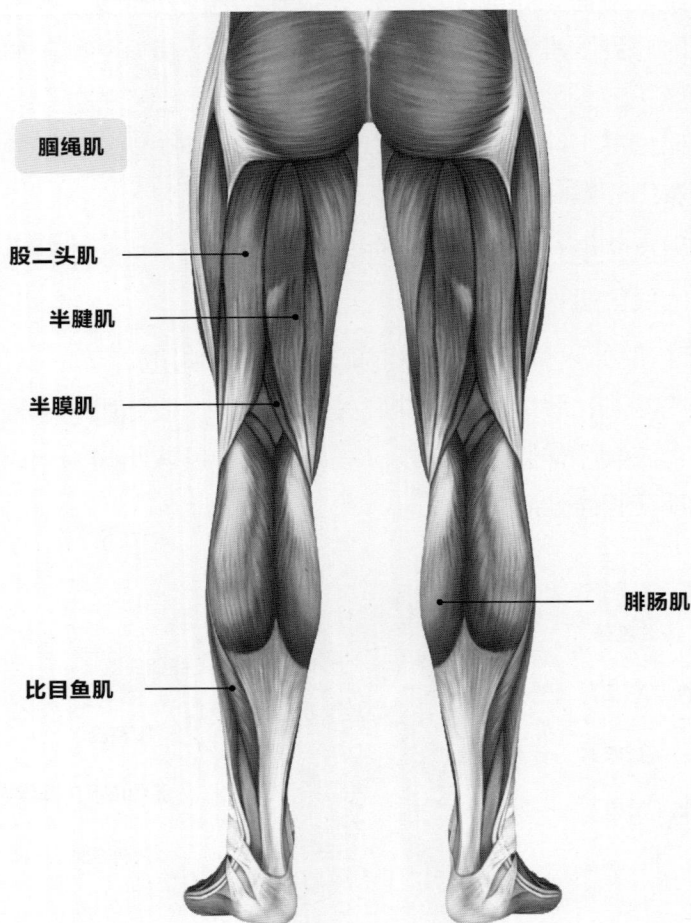

腘绳肌

股二头肌

半腱肌

半膜肌

腓肠肌

比目鱼肌

徒手深蹲

均匀呼吸

核心
收紧

保持
抬头

呼气

停留 **2秒**

1 站姿，两脚分开与肩同宽，脚尖朝前。双臂水平前伸，与肩同高。

2 核心收紧，向后推髋，屈膝，尽可能降低身体，躯干尽可能保持挺直，在最低处停留2秒。慢慢站起，回到起始位置。

教练提示 ! 动作要点

下蹲至大腿平行于地面或更低。膝盖不要超过脚尖并且不要外翻，保持重心在脚跟上。

▶ 目标肌群

主要锻炼股四头肌。

扫码看视频

靠墙深蹲

背部
靠墙

均匀呼吸

1 背部靠墙，双脚离墙约40~50厘米，与肩同宽站立。双手持哑铃，手臂自然下垂。

教练提示 **动作要点**

下蹲时，大腿应该平行于地面或更低。练习时，腰部与墙面的距离不可超过手掌的厚度。

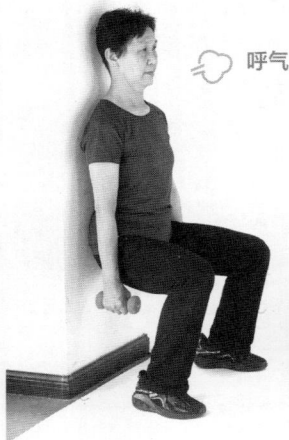

呼气

共保持**45秒**
5~10秒/组

2 保持背部靠在墙上。屈膝，直至大腿与地面平行，保持规定的时间。

▶ **目标肌群**

主要锻炼股四头肌。

扫码看视频

相扑深蹲

挺胸
抬头

均匀呼吸

呼气

停留 **2秒**

重心落于
脚跟

1 站姿，挺胸抬头，两脚分开，宽度约为两倍肩宽，脚尖向外转45°。双臂下垂，放于体前。

2 向后推髋，屈膝，膝关节与脚尖同方向，且不要超过脚尖，尽可能降低身体。收紧臀大肌与大腿内侧肌肉，在最低处停留2秒。慢慢站起，回到起始位置。

进阶
练习

哑铃相扑深蹲

扫码看视频

▶ **目标肌群**

主要锻炼臀大肌、股四头肌和大腿内收肌群。

扫码看视频

087

单腿蹲

均匀呼吸

躯干
挺直

1 躯干挺直，站在跳箱上。双脚分开，与肩同宽，双臂自然垂于体侧。

呼气

抬起的腿
不能接触
跳箱或
地面

2 双臂水平前伸。左腿支撑，右腿向前抬起。向后推髋，屈左膝。慢慢下降身体，至尽可能低的位置。慢慢伸直左膝，推回身体至起始位置。左右交替练习。

▶ 目标肌群

扫码看视频

主要锻炼股四头肌、臀大肌、腘绳肌。

弓步蹲

躯干挺直

均匀呼吸

停留**2秒**

呼气

1 站姿，双脚分开，与髋同宽。双手扶髋。

2 右脚向前迈一大步，屈膝，直至右膝弯曲约90°，停留2秒。蹬地起身，至起始位置。右脚向前完成规定次数后，换左脚。

教练提示 ! 动作要点

下蹲时，前脚的小腿应几乎垂直于地面。后腿膝盖尽可能接近地面。

▶ 目标肌群

主要锻炼股四头肌、臀大肌、腘绳肌。

扫码看视频

进阶练习 **哑铃弓步蹲**

侧弓步

▶ **目标肌群**

扫码看视频

主要锻炼股四头肌、大腿内收肌群。

停留 **2秒**

抬头挺胸

均匀呼吸

呼气

1 站立，双脚分开，宽度约为两倍肩宽，双臂自然垂于体前。手臂向前伸，向后推髋，屈右膝，降低身体，停留2秒。

进阶
练习 **哑铃侧向弓步**

向后推髋

脚尖指向正
前方

2 推回身体，至起始位置。换左侧练习。

躯干挺直

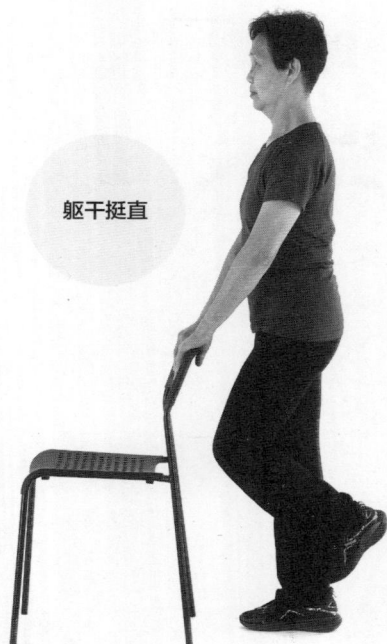

1 站姿。双手扶椅，右腿支撑，左脚向后搭在右腿上。右膝关节伸直，身体保持挺直。

▶ 目标肌群

主要锻炼比目鱼肌、腓肠肌。

均匀呼吸

停留 **5秒**

脚趾放松

2 保持右膝关节伸直，右脚前脚掌蹬地，尽可能抬高右脚跟。
放低右脚跟，回到起始位置。右脚练习结束后，换左脚练习。

第七节 核心

核心肌肉是指人体中心部位肌肉的统称，由腹部肌肉（腹直肌、腹横肌、腹内斜肌和腹外斜肌）、背部部分肌肉（多裂肌、腰方肌、竖脊肌）和臀部肌肉、腘绳肌、髋部旋转肌群等多块肌肉组成。

核心肌肉在人体运动中具有重要作用，主要包括核心力量和核心稳定性两种功能。核心力量和上肢力量、下肢力量类似，指的是通过核心肌肉收缩，使躯干、髋关节等部位产生运动的功能，主要通过腹直肌、竖脊肌等大肌群实现，以仰卧起坐、俯卧挺身等用力较大、动作幅度明显的练习动作为代表。

腹部核心肌肉

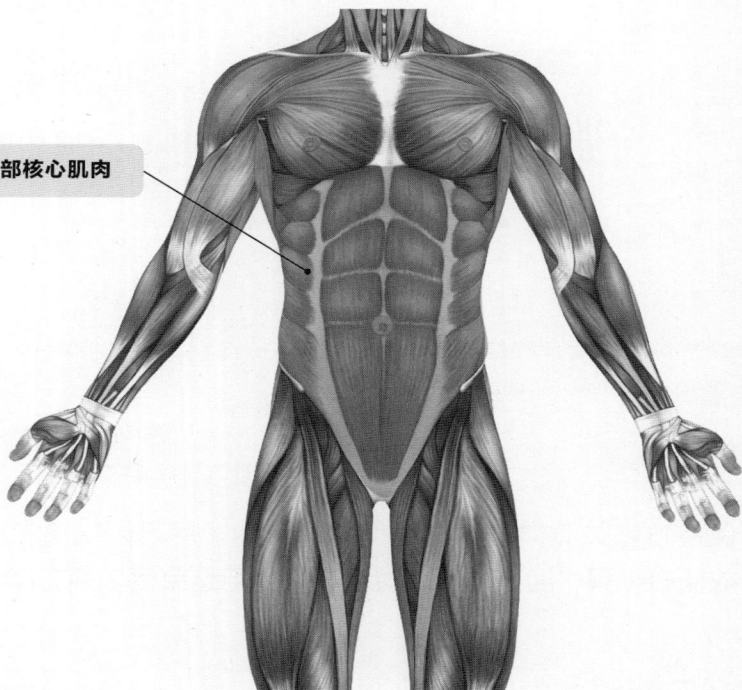

核心稳定性是指主要通过核心部位深层的稳定肌协同收缩，以保持脊柱、骨盆、髋关节等部位在运动状态或静止状态姿态稳定、合理的能力。进行核心稳定性练习，可增强神经对肌肉的控制能力，使腰椎等薄弱部位在运动中免于受伤，并更好地传递力量。核心稳定性练习主要包括静态平衡练习、动态平衡练习（四肢运动时核心部位保持稳定）。

核心稳定性不等同于核心力量，但二者功能密切关联，相辅相成。良好的核心稳定性可以帮助身体更好地发挥核心力量，良好的核心力量也可以在很大程度上提高身体的核心稳定性。

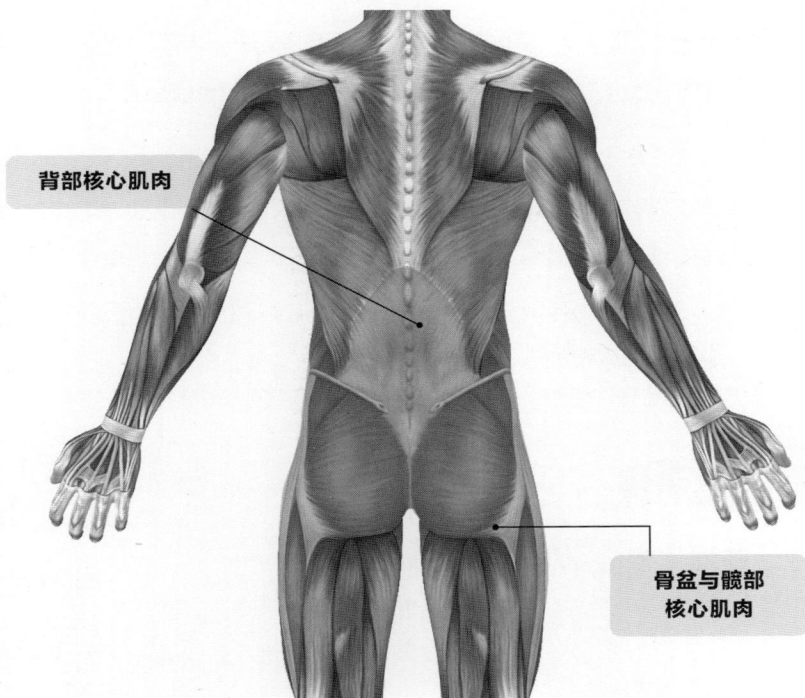

背部核心肌肉

骨盆与髋部
核心肌肉

平板支撑

深呼吸

共保持 **30秒**
5~10秒/组

俯卧在垫面上。双手放在胸部两侧，两脚分开，与髋同宽。手臂伸直，双臂和脚尖支撑起身体。身体从肩到脚踝呈一条直线。

教练提示 **动作要点**

收腹，夹臀，保持核心收紧。整个练习过程中收腹并防止髋部下降，避免塌腰、耸肩。

▶ **目标肌群**

激活并强化核心肌群，提高脊柱的稳定能力。

扫码看视频

侧向平板支撑

深呼吸

共保持 **30秒**
5~10秒/组

右侧卧，双腿并拢，伸直，左脚贴在右脚内侧上方。右肘和前臂支撑起上身。收腹，夹臀，挺胸。抬起髋部，直到身体从脚踝到肩部呈一条直线。转身，换左侧卧，并重复上述动作。

教练提示 **动作要点**

练习过程中，髋部保持抬高，并保持在身体正中位，避免腰部下沉。

进阶练习 **单腿平板支撑**

扫码看视频

▶ **目标肌群**

激活并强化侧向肌群，增强核心稳定性。

登山式

核心
收紧

1 俯撑在垫面上，两手置于胸部两侧，距离略比肩宽。双脚并拢，伸直双腿。脚尖撑地，双臂伸直。

持续**30秒**

均匀呼吸

2 右腿保持不动，左腿屈髋屈膝，使膝盖慢慢靠近胸部。左脚触地，回到起始位置。换右脚重复上述动作，左右脚交替练习。

教练提示 **动作要点**

身体从头部到脚踝呈一条直线。抬起膝盖时，下背部姿势不变。

▶ **目标肌群**

激活并强化核心肌群，增强核心
稳定性。

扫码看视频

俯卧划臂

双脚离地

1 俯卧在垫面上。双腿伸直，双脚分开，与髋同宽。双臂前伸，与肩同宽，掌心向下。

持续 60秒
5~10秒/组

深呼吸

2 收缩臀肌和下背部肌肉，头、胸部、手臂和腿抬离垫面。手臂从身体两侧向后划，至手臂与地面平行。

教练提示 **动作要点**

> 练习过程中，臀肌始终保持收紧。划臂时保持胸部离开垫面。

▶ **目标肌群**

激活并强化躯干后侧肌群，增强核心稳定性。

扫码看视频

仰卧卷腹

均匀呼吸

1 仰卧在垫面上，屈膝，两脚平放在垫面上。双手握住哑铃，置于胸前。

教练提示！ 动作要点

卷腹时，头不要用力向前伸。骨盆始终保持在脊柱的中立位置。腰部不要离开垫面。动作要慢，以防力量更强的屈髋肌群参与，腹肌参与减少。

▶ 目标肌群

主要锻炼腹肌（腹直肌、腹内斜肌、腹外斜肌）。

扫码看视频

停留 **2秒**

下巴微收

呼气

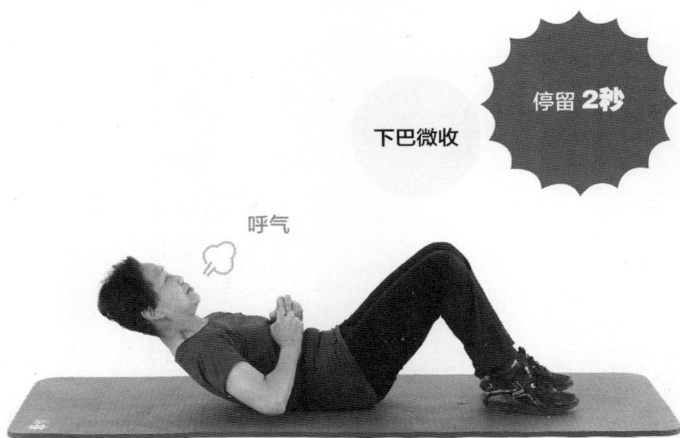

2 收缩腹肌，肩部、胸部朝着骨盆卷曲。运动至最高点，停留2秒，然后慢慢回到起始位置。

反向卷腹

教练
提示
动作要点

整个练习过程中，髋部和下背部始终与垫面接触，屈膝角度不变。

均匀呼吸

1 仰卧在垫面上，屈髋、屈膝（髋、膝弯曲90°），双脚放在垫面上。双腿夹紧哑铃。双臂向两侧伸展，掌心向下。

双腿
并拢

呼气

停留 **2秒**

2 腹肌发力，慢慢将膝盖拉向胸部，直至大腿与地面垂直，停留2秒。慢慢降低双腿，回到起始位置。

▶ **目标肌群**

主要锻炼腹肌（腹外斜肌、腹直肌）、髋关节屈肌。

扫码看视频

双重卷腹

均匀呼吸

1 仰卧在垫面上，屈膝，两脚平放在垫面上。双手握住哑铃，置于胸前。双腿夹紧哑铃。

腰部贴地

停留 **2秒**

呼气

2 收缩腹肌，慢慢将双腿和肩部拉离垫面，直至不能靠近，停留2秒。慢慢降低身体，回到起始位置。

教练提示 ! 动作要点

整个练习过程中，头不要用力向前。屈膝角度始终保持不变，练习过程中不要憋气。

▶ 目标肌群

主要锻炼腹肌（腹直肌、腹外斜肌）、髋关节屈肌。

扫码看视频

仰卧转髋

均匀呼吸

1 仰卧在垫面上，双臂向两侧伸出，掌心向上。抬起双腿，屈膝、屈髋90°。

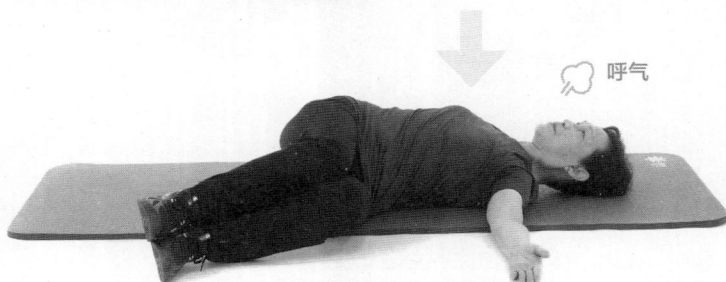

呼气

2 收紧腹肌，双腿向左旋转至最大限度。

教练提示 ！ **动作要点**

练习过程中，始终保持屈髋 90°，屈膝 90°。肩部始终与垫面接触。核心始终保持收紧。

停留 **2秒**

上身不动

3 逆向运动，双腿向右旋转至最大限度。左右交替练习，完成规定次数。

▶ **目标肌群**

主要锻炼腹肌。

扫码看视频

第八节 全身

全身练习动作，可对上身、下身和核心的动作进行组合。这样练习可以提升身体的协调性和平衡能力，因为动用肌肉较多，所以还可以提高心肺功能。

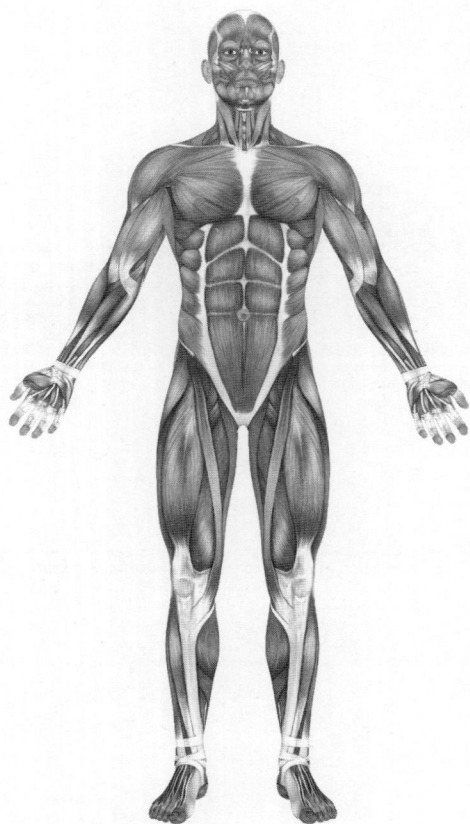

全身练习要求全身肌肉都参与发力，这增强了从头到脚的力量，有助于消除潜在的薄弱环节。

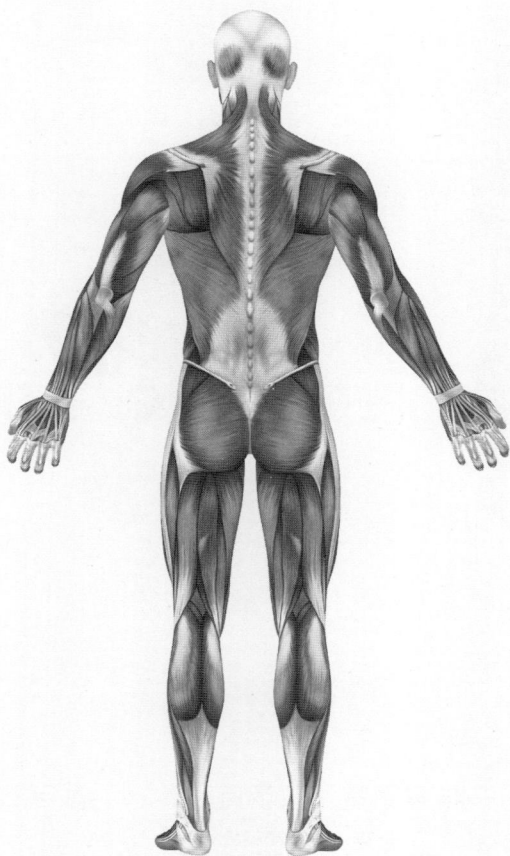

深蹲推举

先推髋，
再屈膝

1 站姿，双脚分开与肩同宽。双手持哑铃，手臂自然伸直。屈髋，屈膝，降低身体，至大腿与地面平行。

▶ **目标肌群**

锻炼全身肌群。

均匀呼吸

躯干始终
保持挺直

2 站起，同时屈肘。推举哑铃，至肩的正上方。放下哑铃，回
到起始位置。

单臂下蹲挺举

教练提示 **动作要点**

练习时，保持躯干挺直，屈膝不超过脚尖。

躯干保持挺直

1 站姿，双脚与肩同宽。单手持哑铃，手臂自然下垂，掌心向后。屈膝，屈髋。然后左臂屈肘，将哑铃举至左耳旁。

▶ **目标肌群**

锻炼全身肌群。

扫码看视频

均匀呼吸

全程核心收紧

2 左臂继续发力，将哑铃举至肩的正上方。左腿向后撤一大步，
然后右腿向后撤一大步，站立起身。左右交替练习，重复
动作。

高尔夫深蹲

核心
收紧

膝盖不超过脚尖

1 站姿，双脚分开，比肩略宽。双手握住哑铃，置于身体前侧。屈髋，屈膝，降低身体。

► **目标肌群**

锻炼全身肌群。

扫码看视频

均匀呼吸

躯干
保持
挺直

保持
身体
稳定

2 右脚蹬地，身体向左旋转，同时手臂向左上方摆。身体向右旋
转，降低身体，回到中间。然后左脚蹬地，身体向右旋转，同
时手臂向右上方摆。左右交替练习。

113

第四章

如何补充营养

　　除科学的力量练习外，在练习前后补充足够的营养可以让整个练习过程达到更理想的效果。不管是增长肌肉还是增强力量，补充营养的原则基本相同。增长肌肉和增强力量在一定程度上是同时发生、相辅相成的。本章我们来了解营养补充的重要知识。

第一节 补充哪些营养

补充足够的热量

肌肉生长需要消耗热量，如果没有足够的热量，就不可能保证肌肉的正常生长。也就是说，如果想要达到增肌的目的，就必须有足够的热量来维持肌肉生长所需的消耗。人体每日的新陈代谢、体育运动、日常活动等本来就需要热量来支撑，因此要想达到增肌的目的，总摄入热量应大于消耗热量。但是，如果摄入热量过多，无法完全利用，则多余的热量会转化为脂肪堆积在体内，陷入增肌、减脂两难的境地。研究表明，摄入热量=消耗热量+消耗热量的20%，这个摄入量既可以减少脂肪堆积，又有盈余的热量来增肌。

> 消耗热量=新陈代谢+食物热动力+日常活动

补充足够的优质蛋白

蛋白质是构成肌肉的基石，也是肌肉生长的基础，因此人体每天必须摄入充足的优质蛋白质。蛋白质分为植物性蛋白质和动物性蛋白质两种。其中，鸡肉、鱼肉、鸡蛋、牛奶及大豆类都是优质蛋白质。动物性蛋白质比植物性蛋白质更容易被人体吸收、利用率高，因此增肌时我们可以选择摄入更多的动物性蛋白质。很多中老年人的膳食成分中往往缺乏足够的蛋白质，不利于身体机能的维持。需要注意，蛋白质也不是摄入越多越好，如果身体没有足够的力量练习，体内消耗不完的蛋白质会变成脂肪储存起来。

补充糖分不可少

　　力量练习的能量主要由糖原提供，人体摄入的碳水化合物可以补充糖原，供给能量，并防止练习造成的肌肉分解。我们可以把每日膳食计划中的碳水化合物的比例适当提高，甚至可以提高到60%。首先，碳水化合物是产生能量与储存能量的物质。作为力量练习时的能量来源，摄入富含碳水化合物的食物很重要。碳水化合物主要由各种主食提供。其次，糖分摄入引起的胰岛素效应可以促进肌肉等多种组织内的蛋白质合成，有助于增肌。

适时补充蛋白质和糖分更有效

　　肝糖原是肌肉力量的来源，经过一夜的休息后，肝糖原已消耗殆尽，因此早餐必须包含碳水化合物及蛋白质，一来可以提供能量以加快新陈代谢，二来可以避免以肌肉为能量来源。进行力量练习前进食碳水化合物是为了给肌肉提供能量，在练习时充满力量，加强效能。力量练习结束后进食则是为了让肌肉尽快吸收肝糖原及蛋白质作为补充，原则上运动结束后越早补充效果越好。

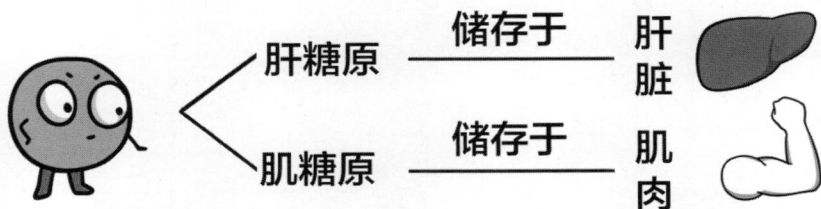

```
肝糖原 —— 储存于 —— 肝脏
肌糖原 —— 储存于 —— 肌肉
```

第二节 其他营养事项

少食多餐

　　每餐适当减少进食和定期进食有助于建立人体正常的能量代谢节律和合理的激素反应，每餐如果进食过多，则会增加胃部负担，引起血糖的大幅升高，促进更多食物作为脂肪储存。如果条件允许，建议定时进食，最好每2~3小时进食一次。

喝足够的水

　　水对于肌肉来说非常重要，肌肉内含水量达70%以上。研究指出，肌肉在缺水的情况下会降低工作能力，同时人体各种生理活动也会受到影响，而且肌肉细胞收缩会导致蛋白质分解，肌肉的恢复也会减慢甚至停止，严重时甚至危及生命。因此，建议每天喝2.5~3升水，特别是在温度和湿度都比较高的时候或运动前后。

营养补剂

　　如果通过食物获取足够的蛋白质比较困难，那么蛋白粉是很好的选择，蛋白粉的蛋白质含量高且易于消化。乳清蛋白是由牛乳提炼而成的，更适合中老年人在消化功能退化时使用。

附录

解决身体各种不适的
力量练习方案

01 针对慢性肩痛的力量练习方案

1

Y 字平举

每组 8 ～ 10 次
2 ～ 3 组
间歇 60 秒
见 40 页

5

哑铃单臂肩外旋

每组 8 ～ 10 次
2 ～ 3 组

间歇 60 秒
见 61 页

②

T 字平举

每组 8 ～ 10 次

2 ～ 3 组

间歇 60 秒

见 41 页

③

W 字平举

每组 8 ～ 10 次

2 ～ 3 组

间歇 60 秒

见 43 页

④

L 字平举

每组 8 ～ 10 次

2 ～ 3 组

间歇 60 秒

见 42 页

02 针对慢性腰痛的力量练习方案

1

臀桥
每组 8 ～ 10 次
2 ～ 3 组
间歇 60 秒
见 74 页

5

仰卧转髋
每组 8 ～ 10 次
2 ～ 3 组
间歇 60 秒
见 104 页

2

侧向平板支撑

每组 8 ～ 10 次
2 ～ 3 组
间歇 60 秒
见 97 页

3

跪撑屈膝伸髋

每组 8 ～ 10 次
2 ～ 3 组
间歇 60 秒
见 80 页

4

仰卧卷腹

每组 8 ～ 10 次
2 ～ 3 组
间歇 60 秒
见 100 页

03 针对慢性膝痛的力量练习方案

1 单腿臀桥

每组 8 ~ 10 次
2 ~ 3 组
间歇 60 秒
见 76 页

5 提踵

每组 8 ~ 10 次
2 ~ 3 组
间歇 60 秒
见 92 页

2

单腿蹲

每组 8 ～ 10 次
2 ～ 3 组
间歇 60 秒
见 88 页

3

弓步蹲

每组 8 ～ 10 次
2 ～ 3 组
间歇 60 秒
见 89 页

4

迷你带侧卧蚌式

每组 8 ～ 10 次
2 ～ 3 组
间歇 30 秒
见 78 页

04 强健骨骼的力量练习方案

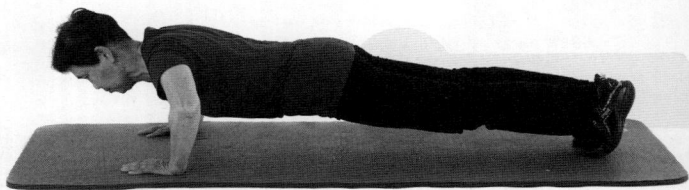

④

单腿蹲

每组 8 ～ 10 次
2 ～ 3 组
间歇 60 秒
见 88 页

1

俯卧撑
每组 8～10 次
2～3 组
间歇 60 秒
见 34 页

2

哑铃基本硬拉
每组 8～10 次
2～3 组
间歇 60 秒
见 81 页

3

相扑深蹲
每组 8～10 次
2～3 组
间歇 60 秒
见 87 页

05 防跌倒的力量练习方案

1

上斜俯卧撑

每组 8 ～ 10 次
2 ～ 3 组
间歇 60 秒
见 35 页

6

高尔夫深蹲

每组 8 ～ 10 次
2 ～ 3 组
间歇 60 秒
见 112 页

2

平板支撑

每组 8 ~ 10 次
2 ~ 3 组
间歇 60 秒
见 96 页

3

臀桥

每组 8 ~ 10 次
2 ~ 3 组
间歇 60 秒
见 74 页

5

提踵

每组 8 ~ 10 次
2 ~ 3 组
间歇 60 秒
见 92 页

4

弓步蹲

每组 8 ~ 10 次
2 ~ 3 组
间歇 60 秒
见 89 页